U0925534

学习贯彻习近平新时代中国特色社会主义经济思想

做好“十四五”规划编制和发展改革工作

| 系列丛书 |

加强社会公共服务体系建设

丛书编写组　编著

中国市场出版社 China Market Press　中国计划出版社

·北京·

图书在版编目（CIP）数据

加强社会公共服务体系建设 / 学习贯彻习近平新时代中国特色社会主义经济思想 做好“十四五”规划编制和发展改革工作系列丛书编写组编著. —北京：中国市场出版社有限公司：中国计划出版社，2020.8（2020.11重印）

（学习贯彻习近平新时代中国特色社会主义经济思想 做好“十四五”规划编制和发展改革工作系列丛书）

ISBN 978-7-5092-1988-1

Ⅰ. ①加… Ⅱ. ①学… Ⅲ. ①习近平新时代中国特色社会主义思想 – 学习参考资料 ②公共服务 – 体系建设 – 学习参考资料 Ⅳ. ①D610 ②D669.3

中国版本图书馆CIP数据核字（2020）第160656号

加强社会公共服务体系建设

JIAQIANG SHEHUI GONGGONG FUWU TIXI JIANSHE

编　　著：丛书编写组
责任编辑：许　寒
装帧设计：蒋宏工作室

出版发行：中国市场出版社　中国计划出版社
社　　址：北京市西城区月坛北小街2号院3号楼（100837）
电　　话：（010）68034118 / 68032104 / 68020340
网　　址：http://www.scpress.cn

印　　刷：河北鑫兆源印刷有限公司
规　　格：170mm × 240mm　　1/16开本
印　　张：19.25　　**字　　数**：190千字
版　　次：2020年8月第1版　　**印　　次**：2020年11月第3次印刷
书　　号：ISBN 978-7-5092-1988-1
定　　价：42.00元

前 言

民生问题关乎民心，系乎党运国运，决定着我国社会主义现代化事业的成败。加强社会公共服务体系建设是保障和改善民生的重要内容，事关社会公平正义，事关新时代满足人民日益增长的美好生活需要，事关实现“两个一百年”奋斗目标和中华民族伟大复兴的中国梦。

党的十八大以来，习近平总书记时刻把民生疾苦放在心头，旗帜鲜明地指出“人民对美好生活的向往，就是我们的奋斗目标”，提出了“在发展中保障和改善民生”“必须多谋民生之利、多解民生之忧”等一系列新思想新论断新举措，作出了优先发展教育事业、实施健康中国战略、推动社会主义文化繁荣兴盛、推进体育强国建设、加强社会保障体系建设等一系列重大决策部署，是习近平新时代中国特色社会主义经济思想的重要组成部分。习近平总书记关于加强社会公共服务体系建设、保障和改善民生的重要论述，科学回答了新时代保障和改善民生为了谁、依靠谁、造福谁等一系列根本性问题，闪耀着马克思主义理论光辉，是指导民生建设的思想武器、根本遵循和行动指南。

思想是行动的先导，正确的思想引领富有成效的行动。在习近平新时代中国特色社会主义经济思想的指引下，“十三五”时期我国加强社会公共服务体系建设，不断保障和改善民生，取得了一系列历史性成就，基本民生底线不断筑牢兜实，教育、医疗等重点领域改革取得积极进展，社会公共服务供给能力水平全面提升，多层次多样化需求得到更好满足，人民群众获得感、幸福感、安全感明显增强。

理论是实践的指引，理论的生命力在于指导丰富生动的实践。“十四五”时期是我国全面建成小康社会、实现第一个百年奋斗目标后，乘势而上开启全面建设社会主义现代化国家新征程、向第二个百年奋斗目标进军的第一个五年。加强顶层设计，统筹做好“十四五”规划编制实施，意义重大而深远。为指导全国发展改革系统进一步深入学习贯彻习近平新时代中国特色社会主义经济思想，在学懂弄通做实上下更大功夫，准确把握习近平总书记关于加强社会公共服务体系建设、保障和改善民生重要论述的精神实质、科学内涵、策略方法，科学编制“十四五”相关规划，国家发展改革委部署编写《学习贯彻习近平新时代中国特色社会主义经济思想做好“十四五”规划编制和发展改革工作》系列丛书。

社会发展司负责组织编写《加强社会公共服务体系建设》一

书。全书分为五章，其中，第一章、第二章阐述了习近平总书记关于保障和改善民生重要论述的重大意义和丰富内涵，第三章总结了“十三五”以来加强社会公共服务体系建设取得的历史性成就，第四章分析了“十四五”时期加强社会公共服务体系建设面临的新形势、新问题、新要求，第五章研究提出了“十四五”时期加强社会公共服务体系建设思路。社会公共服务涉及领域广泛、内容丰富，本书中的社会公共服务主要涉及教育、医疗卫生、文化旅游、体育健身、养老托育、社会福利和社会救助等领域相关内容。

本书是深入学习习近平新时代中国特色社会主义经济思想，尤其是习近平总书记关于保障和改善民生重要论述的研究成果，是对“十三五”时期社会公共服务体系建设情况的系统总结，也是对“十四五”时期社会公共服务体系建设思路的谋划探讨，可作为各地发展改革部门编制“十四五”相关规划的重要参考，也希望能为社会公共服务领域专家学者研究提供帮助。

本书编写组

2020年8月

目　录

第一章
时代引领：坚持以人民为中心的发展思想

第二章
行动指南：多谋民生之利　多解民生之忧

第三章
生动实践：在发展中保障和改善民生

第四章
任重道远：民生改善只有连续不断的新起点

第五章
砥砺前行：人民对美好生活的向往就是我们的奋斗目标

第一章

时代引领：坚持以人民为中心的发展思想

人民是历史的创造者，是决定党和国家前途命运的根本力量。必须坚持人民主体地位，坚持立党为公、执政为民，践行全心全意为人民服务的根本宗旨，把党的群众路线贯彻到治国理政全部活动之中，把人民对美好生活的向往作为奋斗目标，依靠人民创造历史伟业。

——《决胜全面建成小康社会 夺取新时代中国特色社会主义伟大胜利——在中国共产党第十九次全国代表大会上的报告》（2017 年 10 月 18 日）

“民惟邦本，本固邦宁”。民生是人民幸福之基、社会和谐之本。增进人民福祉、促进人的全面发展是中国共产党立党为公、执政为民的本质要求。在发展中保障和改善民生，着力加强社会公共服务体系建设，在幼有所育、学有所教、劳有所得、病有所医、老有所养、住有所居、弱有所扶上不断取得新进展，不断增强人民群众的获得感、幸福感和安全感，是坚持以人民为中心的发展思想、始终把人民利益摆在至高无上地位的具体体现。

党的十八大以来，习近平总书记立足当前、着眼长远，就加强社会公共服务体系建设、保障和改善民生提出了一系列重要论述，系统阐明了新时代加强社会公共服务体系建设、保障和改善民生的发展方向、道路、方针、原则等一系列重大问题，深化了对民生发展规律的认识，具有重大的理论成就、生动的实践价值和广泛的世界意义。

第一节

坚持以人民为中心的根本立场

立场，是人们观察、认识和处理问题的立足点。人民群众是中国共产党的力量源泉，人民立场是党的根本政治立场。始终站在人民立场上，而不是站在少数人和个人的立场上说话办事，始终代表最广大人民群众的利益而不是代表某一部分人的利益，是保障和改善民生的出发点和落脚点。习近平总书记关于加强社会公共服务体系建设、保障和改善民生的重要论述，坚持以人民为中心的根本立场，生动体现了人民至上的执政理念和深厚的为民情怀，科学回答了保障和改善民生为了谁、依靠谁、造福谁等一系列根本性问题。

一、科学回答了“保障和改善民生为了谁”的重大问题

全党同志要把人民放在心中最高位置，坚持全心全意为人民服务的根本宗旨，实现好、维护好、发展好最广大人民根本利益，把人民拥护不拥护、赞成不赞成、高兴不高兴、答应不答应作为衡量一切工作得失的根本标准，使我们党始终拥有不竭的力量源泉。

——在庆祝中国共产党成立95周年大会上的讲话（2016年7月1日）

坚持以人民为中心的发展思想，体现了马克思主义唯物史观，体现了对人民创造历史的地位和作用的深刻认识，体现了对人类社会发展规律的科学把握，体现了对保持党的先进性纯洁性的坚定追求，是马克思主义政党区别于其他政党的显著标志。中国共产党始终把全心全意为人民服务作为自己的根本宗旨，始终坚持以人民为中心的根本立场，把更好地满足人民群众的需要作为我们的奋斗目标。习近平总书记指出，我们的人民热爱生活，期盼有更好的教育、更稳定的工作、更满意的收入、更可靠的社会保障、更高水平的医疗卫生服务、更舒适的居住条件、更优美的环境，期盼孩子们能成长得更好、工作得更好、生活得更好，并多次强调“人民对美

好生活的向往，就是我们的奋斗目标”[1]。

坚持以人民为中心的发展思想，就是要把满足人民对美好生活的向往作为追求目标，把以人民为中心的发展思想体现在保障和改善民生的各个环节，做到老百姓关心什么、期盼什么，社会公共服务体系建设就要抓住什么、推进什么，把人民利益摆在至高无上的地位，以广大人民的根本利益作为最高标准，坚持把人民的小事当作自己的大事，从人民群众关心的事情做起，从让人民群众满意的事情做起，不断完善公共服务体系，满足人民群众多层次多样化需求，使发展改革成果更多更公平惠及全体人民。

二、科学回答了“保障和改善民生依靠谁”的重大问题

改革开放在认识和实践上的每一次突破和深化，改革开放中每一个新生事物的产生和发展，改革开放每一个领域和环节经验的创造和积累，无不来自亿万人民的智慧和实践。没有人民支持和参与，任何改革都不可能取得成功。

——在庆祝海南建省办经济特区30周年大会上的讲话（2018年4月13日）

人民是历史的创造者，是决定党和国家前途命运的根本力量。

[1]《习近平关于社会主义社会建设论述摘编》，中央文献出版社2017年版，第4页。

人民是共和国的坚实根基，人民是我们执政的最大底气，老百姓是天，老百姓是地，忘记了人民，脱离了人民，我们就会成为无源之水、无本之木，就会一事无成。在发展中保障和改善民生，从根本上说是广大人民群众自己的实践，人民既是享受民生改善成果的主体，更是实现民生改善目标的主体。紧紧依靠人民群众，保障和改善民生的伟大实践就能获得最广泛的支持，就有强大的生命力。

坚持以人民为中心的发展思想，就是要坚持人民主体地位，敬畏人民群众的首创精神，充分尊重人民所表达的意愿、所创造的经验、所拥有的权利、所发挥的作用，自觉拜人民为师，向能者求教，向智者问策，从群众中汲取无穷的智慧和力量，及时发现、总结、概括人民群众创造出来的新鲜经验，使之上升为理论和政策，同时动员指导人民群众开展新的实践，最大限度地激发人们的创造热情，激发民智、汇聚民力，促进全体人民各尽其能、各得其所，把保障和改善民生的工作方向与群众的自身奋斗统一起来，广泛动员和组织人民投身到保障和改善民生的伟大事业中来，推动社会公共服务体系建设不断向前发展。

三、科学回答了“保障和改善民生造福谁”的重大问题

中国梦归根到底是人民的梦，必须紧紧依靠人民来实现，必须不断为人民造福。

——在第十二届全国人民代表大会第一次会议上的讲话（2013 年

3 月 17 日）

以习近平同志为核心的党中央，把以人民为中心的发展思想，具体化为一个最高标准，即最广大人民根本利益。执政是否满足人民的需要，是否实实在在为民造福，都只能由人民说了算，为民造福才是最重要的政绩。只有真正领悟了以人民为中心的根本立场，才会自觉站在人民立场上想问题、做决策、做事情、干事业，做有利于人民、符合人民眼前利益要求和长远利益要求的事。

习近平总书记指出，我们要不断解决好人民最关心最直接最现实的利益问题，努力让人民过上更好生活[1]。党的十八大以来，以习近平同志为核心的党中央从群众最关心的问题入手，把人民安居乐业、安危冷暖放在心上，用心用情用力解决群众关心的就业、教育、医疗、养老等实际问题，一件一件抓落实，一年接着一年干，一大批惠民举措落地实施，努力让群众看到变化、得到实惠，不断满足人民群众日益增长的美好生活需要。

坚持以人民为中心的发展思想，就是要坚持由人民群众评判，把人民群众满意作为检验工作的第一标准。以什么为标准、用什么来衡量，实质上是一个对谁负责、让谁满意的问题。中国共产党是代表最广大人民利益的政党，一切工作的成败得失必然要由人民群众来检验，以人民拥护不拥护、赞成不赞成、高兴不高兴、答应不

[1]《习近平关于社会主义社会建设论述摘编》，中央文献出版社2017年版，第4页。

答应作为根本标准。群众意见是一把最好的尺子，最能衡量社会公共服务体系的长短优劣。时代是出卷人，我们是答卷人，人民是阅卷人。要始终恪守人民评判标准，坚持群众标准、由群众来评判，不能走过场，无论是公共服务规划编制，还是政策制定实施，都要增加群众话语权、评判权，不能关起门来定政策，搞自我评价、自我认可。要经常看一看工作是不是按照群众的要求在开展，看一看有哪些措施和办法还需要改进，让群众真满意而不是“被满意”，使保障和改善民生的各项工作始终体现群众意愿，经得起实践、人民和历史的检验。

第二节

保障和改善民生伟大实践的理论结晶

世界每时每刻都在发生变化，中国也每时每刻都在发生变化，我们必须在理论上跟上时代，不断认识规律，不断推进理论创新、实践创新、制度创新、文化创新以及其他各方面创新。

——《决胜全面建成小康社会 夺取新时代中国特色社会主义伟大胜利——在中国共产党第十九次全国代表大会上的报告》（2017 年 10 月 18 日）

实践是理论之源，实践没有止境，理论创新也没有止境。习近平总书记关于加强社会公共服务体系建设、保障和改善民生的重要论述，根植于马克思主义理论、中华民族传统民生思想以及中国共产党以人民为中心的根本立场，根植于坚持在发展中保障和改善民生的伟大实践，具有坚实深厚的理论根源和实践基础，是马克思主义普遍真理与当代中国实践相结合的最新成果，为丰富和发展马克思主义作出了中国原创性贡献。

一、马克思主义群众观的继承和发展

群众观点是马克思主义唯物史观的基本原理，是马克思主义政党的根本观点，其核心要义就是尊重人民群众的历史主体作用，承认人民群众是历史的创造者。这一观点深刻地揭示了人民群众在推动社会变革、创造社会财富中的重要作用。马克思、恩格斯、列宁等都曾提出过一系列关于人民群众的重要理论观点。在《神圣家族》中，马克思、恩格斯就旗帜鲜明地批判了青年黑格尔派的唯心史观，指出“历史活动是群众的事业，随着历史活动的深入，必将是群众队伍的扩大”。《共产党宣言》明确提出：“过去的一切运动都是少数人的，或者为少数人谋利益的运动。无产阶级的运动是绝大多数人的，为绝大多数人谋利益的独立的运动。”列宁在批判孟什维克的“尾巴主义”时指出：“资产者忘记了微不足道的人物，忘记了人民，忘记了千千万万的工人和农民，可这些工人和农民却用自己的劳动为资产阶级创造了全部财富。”马克思主义经典论著明确指出“历史活动是群众的事业”。马克思主义关于人民群众是历史的创造者的观点，关于人民群众是社会物质财富和精神财富的创造者和拥有者的观点，关于人民群众是社会变革的内在动力和决定性力量的观点等，奠定了马克思主义群众观的基本理论框架。

人民是历史的创造者，群众是真正的英雄。习近平总书记提出坚持以人民为中心的发展思想，强调必须坚持人民主体地位，坚持立党为公、执政为民，践行全心全意为人民服务的根本宗旨，把党的群众路线贯彻到治国理政全部活动之中，把人民对美好生活的向往作为奋斗目标，依靠人民创造历史伟业。尤其在保障和改善民生领域，习近平总书记始终把最广大人民群众的冷暖放在心上，谆谆教导全体党员同志要不忘初心、牢记使命，把人民的需求作为我们全部工作的奋斗目标，作出“人民对美好生活的向往，就是我们的奋斗目标”[1]“在发展经济的基础上不断提高人民生活水平，是党和国家一切工作的根本目的”[1]等一系列重要论述。习近平总书记对如何保障和改善民生做出了周密部署，要求随时随刻倾听人民呼声、回应人民期待，保证人民平等参与、平等发展权利，维护社会公平正义，在幼有所育、学有所教、劳有所得、病有所医、老有所养、住有所居、弱有所扶上持续取得新进展，不断实现好、维护好、发展好最广大人民根本利益，使发展成果更多更公平惠及全体人民，在经济社会不断发展的基础上，朝着共同富裕方向稳步前进。习近平总书记对如何推进工作做出了详细安排，提出要加快推进民生领域体制机制创新，促进公共资源向基层延伸、向农村覆盖、向弱势群体倾斜。强调要抓重点，抓住人民最关心最直接最现

[1]《习近平关于社会主义社会建设论述摘编》，中央文献出版社2017年版，第4页。

实的利益问题，抓住最需要关心的人群，多做雪中送炭的事情。强调要抓实在，既尽力而为又量力而行，做那些现实条件下可以做到的事情，让群众得到看得见、摸得着的实惠，决不能开空头支票，也要防止把胃口吊得过高，否则就会失信于民。强调要抓持久，把保障和改善民生作为长期任务来抓，一件事情接着一件事情办、一年接着一年干，锲而不舍向前走。强调要抓组织，各级干部要带领群众一起干，通过辛勤劳动创造幸福生活，而不能领导热群众不热，也不能群众热而领导不热。

习近平总书记关于加强社会公共服务体系建设、保障和改善民生的重要论述，把马克思主义关于群众主体地位的重要论断与中国特色社会主义实践有机结合起来，提出以人民的利益为中国共产党的根本利益，以人民的幸福为中国共产党的执政目标，从理论上实现二者的高度统一，体现了鲜明的人民立场和真挚的为民情怀，饱含着对最广大人民群众的深厚感情，是马克思主义群众观的最新理论成果。

二、中华民族优秀传统民生思想的传承和弘扬

不忘历史才能开辟未来，善于继承才能善于创新，要在继承中发展，在发展中继承。习近平总书记关于加强社会公共服务体系建设、保障和改善民生的重要论述，立足于新时代中国发展实际，继承和发扬了中华民族优秀传统民生思想，蕴含着厚重的历

史文化精髓。

中华民族五千年文明史孕育了博大精深的“以民为本”民生思想传统，自古以来我国历代哲人先贤就提出了一系列重民、爱民的政治主张。《左传》写道“民生在勤，勤在不匮”。《尚书·五子之歌》写道“民可近，不可下；民惟邦本，本固邦宁”。孔子作为儒家思想的集大成者，提出“养民也惠”“因民之所利而利之”等一系列儒家民生政治主张。孟子较为系统地提出了“民为贵，社稷次之，君为轻”等保民、富民、教民、与民同乐的民生主张。儒家民本思想对历朝历代政治治理产生了深远的影响。到了近代，孙中山先生提出“民生主义”，认为“民生就是人民的生活——社会的生存、国民的生计和群众的生命”。

习近平总书记引用《管子·牧民》中的“政之所兴在顺民心，政之所废在逆民心”，说明人心向背是决定一个政党、一个政权兴衰的根本因素，强调全党要以全心全意为人民服务为根本宗旨。引用“民惟邦本，本固邦宁”，强调人民是国家之根基，充分表达了以人民为中心的发展思想。多次引用“衙斋卧听萧萧竹，疑是民间疾苦声。些小吾曹州县吏，一枝一叶总关情”“善为国者，爱民如父母之爱子、兄之爱弟，闻其饥寒为之哀，见其劳苦为之悲”“德莫高于爱民，行莫贱于害民”等诗句，充分表达了无我之境界、为民之情怀。

习近平总书记紧紧抓住人民群众最关心最直接最现实的利益问题，厚植中华民族“重民”“爱民”“为民”的优良传统，广泛吸收中华优秀传统文化蕴含的民生思想，提出了坚持以人民为中心的发展思想，赋予了新时代的精神实质和丰富内涵，实现了中华民族优秀传统民生思想的创造性转化和创新性发展，彰显了中国共产党人传承和弘扬中华优秀传统文化的高度自觉和文化自信。

三、中国共产党根本宗旨的时代表达

中国共产党在领导中国革命、建设、改革的伟大实践中，立足中国发展实际，运用发扬“人民群众是历史活动的主体，是历史的创造者”的马克思主义群众观，始终把人民利益放在最为重要的位置上，坚持把“全心全意为人民服务”作为党的根本宗旨。

1944年毛泽东同志在纪念张思德同志的讲话《为人民服务》中就提出：“我们这个队伍完全是为着解放人民的，是彻底地为人民利益工作的。”1945年党的第七次全国代表大会，把“全心全意为人民服务”作为党的根本宗旨写进党章。邓小平同志指出，党的组织、党员，都要永远站在人民一边，同人民在一起，了解他们的要求，倾听他们的呼声，采取各种办法保护和争取他们的利益。强调要以人民拥护不拥护、赞成不赞成、高兴不高兴、答应不答应作为全党想事情、做工作对不对、好不好的基本尺度。江泽民同志提出，全心全意为人民服务，立党为公，执政为民，是我们党同一切剥削阶级政党的根本区别，我们党要始终代表中国最广大人民根本利益。胡锦涛同志提出，必须把实现好、维护好、发展好最广大人民根本利益作为一切工作的出发点和落脚点，强调各级领导干部要权为民所用、情为民所系、利为民所谋。

习近平总书记关于加强社会公共服务体系建设、保障和改善民生的重要论述，既坚持了马克思主义的基本立场、观点、方法，又汲取了党的理论创新成果，科学总结了我国保障和改善民生取得的历史经验，谱写了新的时代篇章。习近平总书记在党的十八届五中全会上首次明确提出坚持以人民为中心的发展思想。党的十九大将“坚持以人民为中心”确立为新时代坚持和发展中国特色社会主义基本方略之一。习近平总书记指出，让人民过上幸福美好生活是党和政府一切工作的最终归宿，抓民生要抓住人民最关心最直接最现实的利益问题，抓住最需要关心的人群[1]。强调改善包括教育、就业、社会保障、医疗卫生和人口发展等在内的公共服务供给是实现共享发展的重要内容。同时，在历史唯物主义的基础上辩证地提出经济发展与民生保障的关系，强调做好经济社会发展工作，民生是“指南针”，要全面把握发展和民生相互牵动、互为条件的关系。在工作原则上，习近平总书记指出，在改善民生的政策方面，我们要把握好一个原则，就是多做雪中送炭的工作，少做锦上添花的事情，一切从社会主义初级阶段这个基本国情出发[2]。

习近平总书记关于加强社会公共服务体系建设、保障和改善民

[1]《习近平关于社会主义社会建设论述摘编》，中央文献出版社2017年版，第5页。
[2]《在中央政治局常委会会议上关于当前经济形势和经济工作的讲话》（2013年7月25日），《习近平关于社会主义社会建设论述摘编》，中央文献出版社2017年版，第79页。

生的重要论述，以公共服务体系建设为切入点，将加强社会公共服务体系建设作为落实共享发展理念的具体体现，周密部署保障和改善民生的发展蓝图，承前启后、继往开来，完全契合中国当前的发展实际，标志着中国共产党实现了马克思主义政党的党性和人民性的高度统一，标志着中国共产党全心全意为人民服务根本宗旨的理论阐述达到了新高度，标志着中国共产党对执政规律有了更深刻的认识和把握。

第三节

满足人民群众美好生活需要的行动方略

人民对美好生活的向往，就是我们的奋斗目标。人世间的一切幸福都需要靠辛勤的劳动来创造。我们的责任，就是要团结带领全党全国各族人民，继续解放思想，坚持改革开放，不断解放和发展社会生产力，努力解决群众的生产生活困难，坚定不移走共同富裕的道路。

——《人民对美好生活的向往，就是我们的奋斗目标》（2012 年 11 月 15 日），《十八大以来重要文献选编》（上），中央文献出版社 2014 年版，第 70 页

习近平总书记关于加强社会公共服务体系建设、保障和改善民生的重要论述，既是理论之基，又具实践之用，明确了新时代保障

和改善民生的总体思路、实现路径和战略任务，是做好一切民生保障和改善工作的根本遵循，是加强社会公共服务体系建设、满足人民群众美好生活需要的科学指引、行动指南和实践方案。

一、明确了保障和改善民生的基本方针

思路决定出路，观念决定方向。党的十八大以来，习近平总书记在深入分析我国经济社会发展面临的新形势的基础上，明确提出了“守住底线、突出重点、完善制度、引导预期”的保障和改善民生的基本方针，强调从人民群众最关心最直接最现实的利益问题入手，采取针对性更强、覆盖面更大、作用更直接、效果更明显的举措，集中力量做好普惠性、基础性、兜底性民生建设。

“守住底线”就是坚持社会政策要托底的定位，按照兜底线、织密网、建机制的要求，优先保障低收入人群、特殊困难人群等群体的基本生活。要加大对革命老区、民族地区、边疆地区、贫困地区基本公共服务的支持力度，加强对特定人群特殊困难的帮扶，注重解决社会公平正义问题，织密社会保障网，筑牢民生保障底线。

“突出重点”就是要在既有的财力约束条件下，把有限的资源用于解决群众反映最强烈的突出问题，聚焦短板弱项，实施精准攻坚。比如，在教育领域，习近平总书记要求着力解决贫困家庭孩子辍学问题，提出要紧紧扭住教育这个脱贫致富的根本之策，再穷不能穷教育，再穷不能穷孩子，保证贫困家庭孩子受到教育，不要让

孩子输在起跑线上。在医疗卫生领域，习近平总书记提出，坚持关注生命全周期、健康全过程，让广大人民群众享有公平可及、系统连续的健康服务，特别是在抗击新冠肺炎疫情过程中，强调要抓紧补短板堵漏洞强弱项，筑牢公共卫生安全防线。

“完善制度”就是要坚持和完善统筹城乡的民生保障制度，健全幼有所育、学有所教、劳有所得、病有所医、老有所养、住有所居、弱有所扶等方面的国家基本公共服务制度体系，着力解决地区差异大、制度碎片化问题，建立健全保障和改善民生工作的长效机制，满足人民日益增长的美好生活需要。

“引导预期”就是要合理引导形成与经济社会发展水平相适应的民生保障和改善预期。习近平总书记指出，既要在经济发展的基础上不断加大保障民生力度，也不要脱离财力作难以兑现的承诺[1]。要根据经济发展和财力状况逐步提高人民生活水平，政府主要是保基本，不要做过多过高的承诺，多做雪中送炭的重点民生工作，引导和鼓励广大群众通过勤劳致富改善生活，政府不能包打天下，坚决防止吊高群众胃口的行为。

“守住底线、突出重点、完善制度、引导预期”基本方针的提出，标志着民生保障工作进一步增强了整体性、系统性、协同性，进入了人人尽责、人人享有、共建共享新阶段，实现了党对民生保障工作认识的新飞跃，是党的十八大以来保障和改善民生取得一系

[1]《习近平关于社会主义社会建设论述摘编》，中央文献出版社2017年版，第10–11页。

列历史性成就的有力保障。

二、指明了保障和改善民生的实践路径

习近平总书记立足中国国情和发展实践，深入研判新时代保障和改善民生面临的新情况新问题，科学把握民生改善一般性规律，指明了保障和改善民生的实践路径。

习近平总书记强调，抓民生也是抓发展，民生是做好经济社会发展工作的“指南针”[1]213。要促进经济发展与民生改善良性循环发展，强调民生改善和经济发展有效对接、良性循环、相得益彰。通过持续发展强化保障和改善民生的物质基础，有效解决群众后顾之忧，创造更多有效需求，增进社会消费预期。习近平总书记的重要论述深刻地揭示了经济发展与民生改善之间相互牵动、互为条件的辩证统一关系，为正确处理经济发展与民生改善的关系提供了科学答案。

民生保障要坚持人人尽责、人人享有。习近平总书记指出，共享发展是人人享有、各得其所，不是少数人共享、一部分人共享。只有共建才能共享，共建的过程也是共享的过程[1]136。

民生保障是全体人民共同的事业，民生改善的过程也是全体人民共享的过程，兜牢民生底线、保障基本民生是政府不可推卸、必

---

[1]《习近平总书记系列重要讲话读本（2016年版）》，学习出版社、人民出版社2016年版。

须承担的基本职责。习近平总书记的重要论述清晰指明了政府、社会、个人在民生保障中各自发挥的重要作用，为构建共建共治共享的民生保障新格局提供了科学答案。

保障和改善民生要把握好政府和市场的关系。政府要从宏观层次和全局发展上配置重要资源，以保障基本公共服务为重点，组织提供人民群众需要的公共产品和公共服务，弥补市场缺陷，发挥市场供给灵活性优势，增强多层次多样化供给能力，更好实现社会效益和经济效益相统一。要让政府的“有形之手”和市场的“无形之手”形成合力，政府部门应该更加注重底线公平、兜底功能，在此基础上引导市场力量有序参与，提供差异化、高品质的民生产品。习近平总书记的重要论述指明了政府和市场在公共服务供给中各自发挥作用的空间和领域，找准了政府行为和市场功能在保障和改善民生中的最佳结合点，为形成政府作用和市场作用有机统一、相互补充、相互协调、相互促进的新格局提供了科学答案。

三、明确了保障和改善民生的战略任务

习近平总书记指出，要突出重点，针对群众最关切的就业、教育、医疗、住房、养老、脱贫等问题发力[1]。新时代保障和改善民

[1]《习近平总书记系列重要讲话读本（2016年版）》，学习出版社、人民出版社2016年版，第14页。

生，必须准确把握我国社会主要矛盾变化的新特点，紧紧抓住人民群众最关心最直接最现实的利益问题，持之以恒办好民生实事。习近平总书记的重要论述明确了加强社会公共服务体系建设、保障和改善民生的重点领域和战略任务。

构建服务全民终身学习的教育体系。习近平总书记指出，教育是民族振兴、社会进步的重要基石，是功在当代、利在千秋的德政工程[1]。习近平总书记指出，教育是提高人民综合素质、促进人的全面发展的重要途径，是民族振兴、社会进步的重要基石，是对中华民族伟大复兴具有决定性意义的事业[2]49。强调要着力推动城乡义务教育一体化发展，缩小城乡教育差距、促进教育公平。强调要构建网络化、数字化、个性化、终身化的教育体系，建设人人皆学、处处能学、时时可学的学习型社会。强调要形成社会共同参与的教育治理新格局。习近平总书记的重要论述，把对教育事业发展重大意义的认识提升到了新高度，为构建服务全民终身学习的教育体系提供了重要指引，吹响了新时代推进教育现代化的新号角。

强化提高人民健康水平的制度保障。习近平总书记强调，没有全民健康，就没有全面小康。习近平总书记指出，健康是促进人的全面发展的必然要求，是经济社会发展的基础条件，是民族昌盛和国家富强的重要标志，也是广大人民群众的共同追求[2]100。强调要

---

[1] 在全国教育大会上的讲话（2018年9月10日），《人民日报》2018年9月11日。
[2]《习近平关于社会主义社会建设论述摘编》，中央文献出版社2017年版。

牢固树立大卫生、大健康的观念，把以治病为中心转变为以人民健康为中心。强调坚持关注生命全周期、健康全过程，完善国民健康政策，让广大人民群众享有公平可及、系统连续的健康服务。习近平总书记关于医疗健康的重要论述，扎根中国国情、围绕人民需求、面向时代需要，彰显了中国共产党全心全意为人民服务的根本宗旨和崇高情怀，充分体现了全国各族人民的切身利益和共同愿望，充分体现了中国共产党对维护人民健康的坚强决心和坚定信心。

健全人民文化权益保障制度。习近平总书记在党的十九大报告中指出，文化是一个国家、一个民族的灵魂。文化兴国运兴，文化强民族强。习近平总书记指出，保证公民的经济、文化、社会等各方面权利得到落实，努力维护最广大人民根本利益，保障人民群众对美好生活的向往和追求。强调完善城乡公共文化服务体系，优化城乡文化资源配置，推动基层文化惠民工程扩大覆盖面、增强实效性，健全支持开展群众性文化活动机制，鼓励社会力量参与公共文化服务体系建设。习近平总书记的重要论述，明确了将文化体制改革引向深入的前进方向和根本遵循，对于进一步增强保障人民群众基本文化权益的责任感使命感具有重要意义，标志着对社会主义文化建设规律的认识达到了新的高度。

健全促进全民健身制度性举措。习近平总书记强调，全民健身是全体人民增强体魄、健康生活的基础和保障。习近平总书记指出，体育在提高人民身体素质和健康水平、促进人的全面发展，丰富人民精神文化生活、推动经济社会发展，激励全国各族人民弘扬追求卓越、突破自我的精神方面，都有着不可替代的重要作用[1]。强调要广泛开展全民健身运动，促进重点人群体育活动，推动全民健身和全民健康深度融合，创新全民健身体制机制，普及科学健身知识和方法，完善全民健身公共服务体系，统筹建设全民健身公共设施，推进公共体育设施开放，发展群众健身休闲活动，推进全民健身生活化。习近平总书记的重要论述，进一步深化了对建设体育强国的规律性认识，指明了建设体育强国的正确方向，找准了建设体育强国的力量之源和动力之源，为深入实施全民健身战略提供了根本遵循。

完善覆盖全民的社会保障体系。习近平总书记指出，要坚持全覆盖、保基本、多层次、可持续方针，加强城乡社会保障体系建设[2]。强调要坚持社会政策托底方针，守住民生保障和社会稳定底线，统筹完善社会救助、社会福利、慈善事业、优抚安置等制度。强调要完善农村留守儿童和妇女、老年人关爱服务体系，健全残疾人帮扶制度。社会保障是民生安全网、社会稳定器，与人民幸福安康息息相关，关系国家长治久安。习近平总书记的重要论述，充分体现了以人民为中心的根本立场，明确了社会保障工作的重点任务，指明了社会保障领域改革的前进方向，是新时代做好社会保障工作的根本指针。

---

[1] 在会见全国体育先进单位和先进个人代表时的讲话（2013年8月31日），《人民日报》2013年9月1日。

[2]《习近平关于社会主义社会建设论述摘编》，中央文献出版社2017年版，第79页。

第四节

构建人类命运共同体的中国智慧

人类是休戚与共的命运共同体，世界各国之间的联系从来没有像今天这样紧密，世界人民对美好生活的向往从来没有像今天这样强烈。新中国成立70多年来，中国共产党在加强社会公共服务体系建设、保障和改善民生方面探索出了一条符合中国国情的发展道路，为世界其他发展中国家保障和改善民生提供了可供借鉴的宝贵经验，为构建人类命运共同体提供了中国智慧。

一、抗击新冠肺炎疫情的中国贡献

面对突如其来的新冠肺炎疫情，中国政府、中国人民不畏艰险，始终把人民生命安全和身体健康摆在第一位，按照坚定信心、同舟共济、科学防治、精准施策的总要求，坚持全民动员、联防联控、公开透明，打响了一场抗击疫情的人民战争。

——《携手抗疫 共克时艰》（2020 年 3 月 26 日），《人民日报》2020 年 3 月 27 日

公共卫生是社会公共服务体系的重要组成部分，是保障和改善民生的重要一环，直接关系着广大人民群众的身体健康。此次新冠肺炎疫情暴发后，习近平总书记亲自指挥、亲自部署，始终把人民生命安全和身体健康摆在第一位，坚持全民动员、联防联控、公开透明，迅速采取最全面、最严格、最彻底的防控措施，领导全党全军全国各族人民取得了全球瞩目抗疫成就，为世界各国抗击疫情争取了宝贵的“时间窗口”。

在抗击新冠肺炎疫情过程中，习近平总书记提出“人民至上、生命至上”理念，有力彰显了中国共产党人民至上的执政理念，生动展现了生命至上的价值追求，深刻诠释了“人民群众是真正的英雄”，受到世界各国广泛赞誉。在抗击疫情过程中，中国体现出全世界绝无仅有的领导能力、应对能力、组织动员能力、贯彻执行能力，为全球抗疫提交了一份“中国答卷”。

在抗击疫情过程中，中国是人类命运共同体理念的真正践行者。重大传染性疾病是全人类的敌人，国际社会必须坚定信心、齐心协力、团结应对，全面加强国际合作，凝聚起战胜疫情强大合力才能携手赢得这场人类同重大传染性疾病的斗争。

我国向所有国家开放新冠肺炎疫情防控网上知识中心，发布新冠肺炎诊疗方案和防控方案，与100多个国家和多个国际组织分享中方经验做法，向其他国家提供急需的医疗物资并派遣专家团队，帮助其他国家应对新冠肺炎疫情，体现了中国对于“共商共建共享”以及“人类命运共同体”的深刻理解和坚决践行。

在2020年3月26日举行的二十国集团领导人特别峰会上，习近平主席秉持人类命运共同体理念，结合中国抗击疫情实践经验，就加强疫情防控国际合作、稳定世界经济提出了一系列重要主张，发挥了积极的国际引领作用。习近平总书记关于疫情防控和健全公共卫生体系的重要论述以及习近平总书记亲自部署的抗疫各项举措，充分体现了一个负责任大国的责任担当，充分展示了应对突发公共卫生事件的中国智慧和中国方案，充分印证了我国与世界各国共享发展机遇、共同构筑人类美好未来的诚意和努力。

二、推动全球减贫事业的中国方案

到2020年稳定实现农村贫困人口不愁吃、不愁穿，义务教育、基本医疗、住房安全有保障，是贫困人口脱贫的基本要求和核心指标，直接关系攻坚战质量。

——在重庆考察时的讲话（2019年4月16日）

消除贫困，自古以来就是人类梦寐以求的理想，是各国人民追求幸福生活的基本权利，是人类的共同使命，是当今世界面临的最大全球性挑战。党的十八大以来，以习近平同志为核心的党中央带领全国人民深入开展脱贫攻坚，开展了一系列创造性扶贫实践，创造了世界瞩目的减贫奇迹，有力促进了世界减贫进程，彰显出非凡的魄力、智慧和担当，为世界减贫事业贡献了中国经验和中国方案，赢得了国际社会的普遍赞赏。

在脱贫攻坚过程中，习近平总书记在深入分析贫困地区和贫困人口具体情况，准确把握脱贫攻坚形势的基础上，提出精准扶贫精准脱贫基本方略，要求着力解决“两不愁三保障”问题，提出实施“五个一批”工程，为打赢脱贫攻坚战明确了努力方向，为确保全面打赢脱贫攻坚战提供坚实保证。

中国的减贫目标，紧扣“两不愁三保障”，涉及基本住房保障、基本医疗服务、基本教育服务等保障人基本生存和发展的基本公共服务，是社会公共服务领域基本中的基本、核心中的核心。扶贫必扶智，教育是阻断贫困代际传递的治本之策，贫困地区教育事业是管长远的，必须下大力气抓好。要深入实施健康扶贫工程，提高贫困地区医疗卫生服务能力，做好精准到户、精准到人、精准到病，通过加强人才培养、对口支援等形式提高当地卫生服务能力，保障贫困人口健康。习近平总书记的重要论述抓住了脱贫攻坚的主要矛盾和矛盾的主要方面，牵住了打赢脱贫攻坚战的“牛鼻子”，为实现精准脱贫开出了良方。

中国的脱贫攻坚实践，直面深度贫困地区的“坚中之坚”和绝对贫困人口的“难中之难”，紧扣“两不愁三保障”综合施策，提出实施“五个一批”工程，即“发展生产脱贫一批、易地搬迁脱贫一批、生态补偿脱贫一批、发展教育脱贫一批、社会保障兜底一批”，创造性地把解决贫困问题的“输血”和“造血”有机结合起来，为实现精准脱贫开辟了路径。

习近平总书记指出了致贫之源，找出了阻断贫困代际传递的关键环节，为加强社会公共服务体系建设、助力打赢脱贫攻坚战指明了方向、找准了切入点，为有效解决贫困这一世界难题提供了一套切实可行的中国方案，为全球减贫事业提供了重要借鉴。

三、构建基本公共服务体系的中国经验

必须健全幼有所育、学有所教、劳有所得、病有所医、老有所养、住有所居、弱有所扶等方面国家基本公共服务制度体系，尽力而为、量力而行，注重加强普惠性、基础性、兜底性民生建设，保障群众基本生活。

——《中共中央关于坚持和完善中国特色社会主义制度、推进国家治理体系和治理能力现代化若干重大问题的决定》（2019 年 10 月 31 日）

平等享有基本公共服务是公民的基本权利，提供基本公共服务是政府义不容辞的重要职责。在世界范围内，公共服务尤其是基本公共服务，都是保障社会公平正义的基石，都是政府职责的最重要

组成部分之一。党中央一直高度重视社会公共服务体系建设工作，早在新中国成立之初"一穷二白"的时期，教育、卫生等公共服务、社会福利就是政府支出的重要内容。党的十八大以来，以习近平同志为核心的党中央，坚持以人民为中心的发展思想，着力加强基本公共服务制度体系建设，稳步推进基本公共服务均等化，逐步建立起了中国特色的基本公共服务制度框架体系，形成了构建国家基本公共服务体系的中国经验。

（一）解民忧、济民困，明确基本公共服务体系建设的基本方向

习近平总书记指出，要随时随刻倾听人民呼声、回应人民期待，保证人民平等参与、平等发展权利[1]，要抓重点，抓住人民最关心最直接最现实的利益问题，抓住最需要关心的人群[2]，我国仍然是世界上最大的发展中国家，拥有世界上最大的人口规模。在财政实力有限的情况下，如何保障最广大人民群众的基本公共服务权益，确保全体公民能够平等享有大致相当的基本公共服务，是我国当前基本公共服务体系建设面临的最突出矛盾。习近平总书记的重要论述，为我国基本公共服务体系建设指明了方向。从"十二五"时期开始，我国着力推进基本公共服务均等化标准化建设，重点保

---

[1]《习近平谈治国理政》第一卷，外文出版社2014年版，第41页。
[2]《习近平关于社会主义社会建设论述摘编》，中央文献出版社2017年版，第5页。

障广大人民群众最关心的义务教育、医疗保险等关键领域，以及老弱病残、妇女儿童等重点人群的基本公共服务权益，形成了具有中国特色的基本公共服务体系，兜住了社会底线、维护了社会公平，成为中国经济和社会持续稳定发展的坚实基础。

（二）保基本、强基层，指出基本公共服务体系建设的工作重点

习近平总书记对政府兜底保障的基本公共服务保障重点做出了明确安排，指出要通堵点、疏痛点、消盲点，全面解决好同老百姓生活息息相关的教育、就业、社保、医疗、住房、环保、社会治安等问题，集中全力做好普惠性、基础性、兜底性民生建设[1]。随着我国经济社会的快速发展，广大人民群众对教育、卫生、文化、体育等公共服务的需求日益增长，且呈现出多元化、个性化的发展趋势。中国的基本公共服务体系，紧扣“七有”要求，逐项明确了基本公共服务的对象范围、服务内容、服务标准、支出责任等，是党和政府对广大人民群众作出的郑重承诺。基本公共服务与广大人民群众的日常生活紧密联系、息息相关，服务的关键环节都在基层。要坚持重心下移、力量下沉，促进公共资源向基层延伸，推动工作力量向一线下沉。中国的基本公共服务体系建设始终坚持强基层，把更多的财力、物力投向基层，把更多的人才、技术引向基层，切

[1] 在重庆考察时的讲话（2019年4月15–17日），《人民日报》2019年4月18日。

实加强基层公共服务机构设施和能力建设。

（三）建制度、抓持久，提出基本公共服务体系建设的长效机制

制度化是中国实现国家治理体系和治理能力现代化的必然要求，也是确保中国近几十年来伟大实践成果得以巩固发展的长效机制。党的十九届四中全会明确提出，必须健全幼有所育、学有所教、劳有所得、病有所医、老有所养、住有所居、弱有所扶等方面的国家基本公共服务制度体系。从“十二五”开始，中国连续编制全国性的基本公共服务体系建设重点专项规划，着力通过制度建设推进基本公共服务均等化和可持续发展，把保障和改善民生作为长期任务来抓，根据经济发展和财力状况逐步提高人民生活水平，确保基本公共服务可持续发展。

在以习近平同志为核心的党中央坚强领导下，中国的基本公共服务体系建设，实施方案目标清晰、措施有力，实施过程纲举目张、路径明确，实施方式有清单、有标准，实施结果能落地、可评价，充分展示了在有限国家财力的情况下最大限度推动民生改善的可行方案，为增进世界民生福祉提供了可供借鉴的中国经验。

学习贯彻习近平新时代中国特色社会主义经济思想

做好“十四五”规划编制和发展改革工作

| 系列丛书 |

第二章

行动指南：多谋民生之利 多解民生之忧

思想是实践的先导，理论是行动的指南。加强社会公共服务体系建设，多谋民生之利、多解民生之忧，必须有一套科学的理论作指导，把握当前长远，直面困难挑战，昭示目标希望，传递信心力量。习近平新时代中国特色社会主义经济思想内涵丰富、体系严整、博大精深，明确了社会公共服务体系建设需要遵循的发展目标、实践原则和方法路径，是加强社会公共服务体系建设的行动指南。准确把握习近平新时代中国特色社会主义经济思想的科学内涵，对加强社会公共服务体系建设、保障和改善民生具有重要的现实指导意义。

第一节

社会公共服务体系建设的认识论

中国共产党人的初心和使命，就是为中国人民谋幸福，为中华民族谋复兴。这个初心和使命是激励中国共产党人不断前进的根本动力。全党同志一定要永远与人民同呼吸、共命运、心连心，永远把人民对美好生活的向往作为奋斗目标，以永不懈怠的精神状态和一往无前的奋斗姿态，继续朝着实现中华民族伟大复兴的宏伟目标奋勇前进。

——《决胜全面建成小康社会 夺取新时代中国特色社会主义伟大胜利——在中国共产党第十九次全国代表大会上的报告》(2017 年 10 月 18 日)

社会公共服务体系建设，必须在发展方向和价值取向上旗帜鲜明、毫不含糊，才能始终沿着正确的道路不断前行。习近平总书记关于加强社会公共服务体系建设、保障和改善民生的重要论述，回答了新时代发展什么样的社会公共服务、怎么样发展社会公共服务这个重大理论和实践课题，构建了社会公共服务体系建设的系统认识。

一、增进民生福祉是根本目的

民之所盼，政之所向。增进民生福祉是发展的根本目的。做民生工作，首先要有为民情怀。要多谋民生之利、多解民生之忧，在发展中补齐民生短板、促进社会公平正义。

——在山东考察时的讲话（2018 年 6 月 14 日）

党团结带领人民进行革命、建设、改革，根本目的就是为了让人民过上好日子。我们的发展是以人民为中心的发展，人民群众是发展的主体，也是发展的最大受益者。如果发展不能满足人民的期待，不能让群众得到实际利益，这样的发展就失去意义，也不可能持续。社会公共服务体系建设直接关系民生，必须把增进人民福祉作为根本目的。

（一）增进民生福祉是立党为公、执政为民的本质要求

把人民放在心中最高位置，铭刻着共产党人的深挚情怀。世界上很少有哪个政党，能像中国共产党这样，把全心全意为人民服务庄严

地写进党章，并把以人民为中心的发展思想贯穿于治国理政的各领域各方面各环节。我国国家制度和国家治理体系始终着眼于实现好、维护好、发展好最广大人民根本利益，着力保障和改善民生，使改革发展成果更多更公平惠及全体人民。加强社会公共服务体系建设，就要围绕增进人民福祉、促进人的全面发展来做文章。正是把人民作为发展的价值尺度，把人民对美好生活的向往作为奋斗目标，国家的发展进步才能最大范围地凝聚共识、最大限度地激发力量。

（二）增进民生福祉是践行全心全意为人民服务根本宗旨的具体体现

带领人民创造美好生活，是中国共产党始终不渝的奋斗目标。社会公共服务体系建设涉及群众面最广、涉及群众利益最深、涉及群众问题最具体。中国共产党把人民利益摆在至高无上的地位，把保障和改善民生作为重要的政治责任，在改革创新中不断完善社会公共服务体系，人民群众获得感幸福感安全感不断增强，这是中国共产党始终保持强大号召力、向心力、凝聚力的根本所在。加强社会公共服务体系建设，努力让人民过上更好生活，进一步彰显党的根本宗旨和根本立场，也将使党长期执政的群众根基更加牢固。

（三）增进民生福祉是实现“两个一百年”奋斗目标的应有之义

党的十九大对实现“两个一百年”奋斗目标作出战略部署，提出到建党一百年时建成社会更加和谐、人民生活更加殷实的小康社会，到新中国成立一百年时全体人民共同富裕的目标基本实现，我国人民将享有更加幸福安康的生活。幼有所育、学有所教、劳有所得、病有所医、老有所养、住有所居、弱有所扶等方面都是重要的民生福祉，是实现人的全面发展的重要基石，是推进民生保障建设的重大任务。加强社会公共服务体系建设，采取针对性更强、覆盖面更大、效果更明显的举措，使人民生活更加充实、更有保障、更可持续，增进民生福祉，充分展现社会主义制度优越性，这也是实现“两个一百年”奋斗目标的应有之义。

二、深深植根人民是力量源泉

要坚持把实现好、维护好、发展好最广大人民根本利益作为一切工作的出发点和落脚点，我们的重大工作和重大决策必须识民情、接地气。要以人民群众利益为重、以人民群众期盼为念，真诚倾听群众呼声，真实反映群众愿望，真情关心群众疾苦。

——在庆祝中国人民政治协商会议成立六十五周年大会上的讲话（2014 年 9 月 21 日）

社会公共服务体系建设，归根到底是人民创造美好生活的伟大实践。社会公共服务体系建设必须常思百姓疾苦，常谋利民之策，坚持人民至上、紧紧依靠人民、不断造福人民、牢牢植根人民，才能赢得人民群众的信任和拥护，才能拥有不竭的力量源泉。

（一）社会公共服务体系建设必须深深扎根人民沃土之中

执政之基在人民，人民是执政者最大靠山。社会公共服务体系建设，是夯实执政基础、凝聚民心民力的重要一环，必须坚持从人民中来，到人民中去，把社会公共服务体系之根深深扎在人民这片沃土中。人民对美好生活的向往，只有通过全体人民的诚实劳动才能实现，发展中的各种难题，只有通过全体人民的诚实劳动才能破解。加强社会公共服务体系建设，要把人民利益摆在至高无上的地位，坚持人民群众的主体地位，尊重人民群众的首创精神，最大限度调动群众的奋斗精神和创造潜能，激发民智、汇聚民力，团结带领全体人民，以自己的辛勤劳动和不懈努力，让改革发展成果更多更公平惠及全体人民，朝着实现全体人民共同富裕的目标稳步迈进。

（二）社会公共服务体系建设必须回应人民美好生活向往

"但愿苍生俱饱暖，不辞辛苦出山林"，是诗句，也是理念，是感性的，也含有规律意蕴。"为了谁"是社会公共服务体系建设"吾日三省吾身"的规律性课题，不是抽象空洞的口号，而是实实在在的行动。社会公共服务体系建设，致力于实现人民对美好生活的向往，是满足人民美好生活需要的重要实现路径。今天中国人民向往更好教育、更稳定工作、更满意收入、更优美自然环境、更公正社会环境、更有意义的自我实现。如何把人民的向往变成生活现实？必须全面建成小康社会，推动社会公共服务保障能力“水涨船高”、覆盖面“拾遗补缺”。必须深化改革，促进基本公共服务均等化，实现公平正义、激发社会发展活力、增进人民群众福祉。必须依法治国，让社会公共服务有法可依、公平可及。

（三）社会公共服务体系建设要把人民根本利益作为最高标准

随着经济社会发展和权利意识的提升，人民群众参与公共事务的积极性越来越高，这是国家民主进步的重要体现，也是国家治理越来越成熟的表现。社会公共服务体系关系着国计民生，更关系着政府的公信力，要把人民群众满意不满意、答应不答应、认可不认可作为重要标准，关键要看办成了多少事，解决了多少实际问题。加强社会公共服务体系建设，要时刻把人民群众安危冷暖放在心上，从人民群众关心的事情做起，从人民群众不满意的地方改起，敢于较真碰硬，勇于破难题、闯难关，在破除体制机制弊端、调整深层次利益格局上再啃下一些硬骨头，把人民利益维护好、实现好、发展好，让人民群众感受到党和政府的关怀。

三、适应社会主要矛盾变化是必由之路

中国社会主要矛盾已经转化为人民日益增长的美好生活需要和不平衡不充分的发展之间的矛盾。以前我们要解决“有没有”的问题，现在则要解决“好不好”的问题。我们要着力提升发展质量和

效益，更好满足人民多方面日益增长的需要，更好促进人的全面发展、全体人民共同富裕。

——会见出席“2017从都国际论坛”外方嘉宾时的讲话（2017年12月1日）

党的十九大报告指出，我国社会主要矛盾已转化为人民日益增长的美好生活需要和不平衡不充分的发展之间的矛盾。这一重大判断，是坚持辩证唯物主义和历史唯物主义的世界观方法论，坚持党的实事求是的思想路线，通过历史和现实、理论和实践相结合的分析得出的正确结论，反映了我国经济社会发展的客观实际。我国社会主要矛盾的变化是关系全局的历史性变化，社会公共服务体系建设要充分考虑社会主要矛盾的变化，适应新形势，把握新特点，迈上新台阶。

（一）社会公共服务体系的内涵随着社会发展不断丰富

社会公共服务体系建设是一个动态过程，不同发展阶段的重点和目标不尽一致。在物质资源极度匮乏的年代，发展的首要目标是解决温饱问题。随着改革开放的深入，人民群众物质文化需求快速释放，社会公共服务体系建设最迫切的任务是尽快扩大教育、卫生、文化等领域产品和服务供给，化解供需矛盾。进入新时代，人民生活水平显著提高，人民群众美好生活需要呈现多样化多层次多方面的特点，社会领域改革发展的目标和重点已经超出了原先物质文化的层次和范畴，从追求“量”的满足逐步向“质”“量”并重转变，内涵越来越饱满丰富、越来越需求导向。

（二）新时代社会公共服务体系建设面临新环境

习近平总书记指出，缩小城乡区域发展差距，不能仅仅看作是缩小国内生产总值总量和增长速度的差距，而应该是缩小居民收入水平、基础设施通达水平、基本公共服务均等化水平、人民生活水平等方面的差距[1]。人类社会是在矛盾运动中不断向前发展的，社会主要矛盾是各种社会矛盾的主要根源和集中反映，在社会矛盾运动中居于主导地位。新时代我国社会主要矛盾的变化，关系着全局的历史性变化，深刻反映了我国社会生产和社会需求的新特点。一方面，经过改革开放四十多年的发展，我国社会生产力水平总体上显著提高，社会生产能力在很多方面进入世界前列，长期所处的短缺经济和供给不足状况已经发生根本性转变。人民生活水平显著提高，对美好生活的向往更加强烈，期盼更高质量、更多层次、更多样化的社会公共服务。另一方面，城乡区域之间不平衡矛盾较为突出。推动城乡区域协调发展既是建设现代化经济体系的内在要求，也是社会公共服务体系建设的重要着力点。社会公共服务体系建设要在新的环境下再出发，对人民群众新期待做出回应。

[1]《习近平谈治国理政》第二卷，外文出版社2017年版，第81页。

（三）社会主要矛盾变化对社会公共服务体系提出新要求

人民群众需求的变化，必将对我国发展全局产生广泛而深刻的影响。只有调整和完善社会公共服务体系建设的发展方向和各项政策，在继续推动经济发展的基础上着力解决好不平衡不充分的问题，解决好群众最关心最直接最现实的利益问题，不断促进社会公平正义，才能更好满足人民对美好生活的需要。随着社会主要矛盾发展变化，人民对美好生活需要的内涵不断丰富、层次不断提升，过去是解决“有没有”的问题，现在更多的是解决“好不好”的问题。这些都对社会公共服务体系建设补齐短板、夯实基础、提升质量提出了新的更高要求。

四、推动高质量发展是根本要求

推动高质量发展，是保持经济持续健康发展的必然要求，是适应我国社会主要矛盾变化和全面建成小康社会、全面建设社会主义现代化国家的必然要求，是遵循经济规律发展的必然要求。推动高质量发展是当前和今后一个时期确定发展思路、制定经济政策、实施宏观调控的根本要求。

——在中央经济工作会议上的讲话（2017 年 12 月 18 日）

高质量发展，是体现新发展理念的发展。社会公共服务体系建设要贯彻高质量发展要求，让创新成为第一动力、协调成为内生特点、绿色成为普遍形态、开放成为必由之路、共享成为根本目的，更好满足人民日益增长的美好生活需要。

（一）社会公共服务体系高质量发展的内涵

从发展导向来看，社会公共服务高质量发展是以人民为中心、以需求为导向的发展。从强调“有没有”转向“好不好”“优不优”，资源配置要能够适应人口结构性变动趋势，服务提供要更加突出人民群众获得感，最终目标是要更好满足人民群众日益增长的美好生活需要。

从发展理念来看，社会公共服务高质量发展是全面贯彻新发展理念的发展。创新发展要求创新管理方式、创新服务供给方式、创新技术应用等，协调发展要求注重解决发展中城乡、区域、人群不平衡的问题，绿色发展要求注重人与自然的和谐共生，避免重复建设和资源浪费，开放发展要求更加注重内外联动、内部融合，共享发展要求公共服务领域，特别是基本公共服务领域要共建共享共治。

从发展路径来看，社会公共服务高质量发展是体现供给侧结构性改革的发展。一方面要补短板、夯实底板，做好基本公共服务全覆盖、基本均衡可及；另一方面要由政府单一供给向多元供给转变，从政府直接供给为主向政府兜底、引导市场机制发挥作用转变。既要强调质量优先，也要保障数量跟上，要实现“质”和“量”的有机统一。

（二）社会公共服务高质量发展的目标

供给充分可及。优质资源总量不断增加，服务内容更加丰富，服务方式更加智能，技术手段更加先进。供需更加匹配、资源布局更加合理，城乡区域人群基本公共服务全面覆盖、大致均等，非基本公共服务更加多元多样，百姓享受服务更为便捷舒心。

质量标准完善。质量标准体系全面建立，资源配置、服务内容、服务流程等方面标准比较健全，机构及人员等资质认证认可更加规范，激励约束机制更加科学，质量保障水平不断提升。

运行保障高效可持续。基本公共服务财政投入与经济发展水平相适应，财政保障机制比较成熟，投入结构更加合理，资金使用效率不断提高。非基本公共服务市场机制作用发挥比较充分，社会力量投入积极踊跃。从业人员队伍规模不断壮大，职业素质不断提升，人才流动更加便利。

综合监管更加健全。政府、机构、行业自律组织等监管责任分工更加明晰，监管流程更加透明规范，准入监管、服务质量和安全监管、机构运行监管、从业人员监管、行业秩序监管有效配合。诚信制度建设深入人心，社会监督更加有力，统计指标制度更加成熟，综合监管结果协同应用运转良好。

人民群众更加满意。公共服务更加贴近实际、贴近生活、贴近群众，服务成本个人负担比率合理下降，群众需求的表达、反馈和评价机制更加通畅，政府治理和社会自我调节、居民自治间的互动更加充分。

五、维护公平正义是价值追求

我们的方向就是让每个人获得发展自我和奉献社会的机会，共同享有人生出彩的机会，共同享有梦想成真的机会，保证人民平等参与、平等发展权利，维护社会公平正义，使发展成果更多更公平惠及全体人民，朝着共同富裕方向稳步前进。

——在中法建交五十周年纪念大会上的讲话（2014 年 3 月 27 日）

“治天下也，必先公，公则天下平矣。”公平正义是中国特色社会主义的内在要求，实现公平正义是党和政府的一贯主张。公共服务是公平分配的重要内容，公平正义作为公共服务的基本价值依归，两者之间有着相互交融的联系。新时代建设社会公共服务体系，要通过基本公共服务均等化、社会政策托底、保护弱势群体等方式保障基本民生，让广大人民群众共享改革发展成果。

（一）社会公共服务体系要把公平正义作为核心价值

加强社会公共服务体系建设，必须始终牢牢把握公平正义的准绳，更好保障人民群众基本民生权益，健全国家基本公共服务制度体系，更加关注低收入群众的生活，多做一些雪中送炭、急人之困的工作，努力实现权利公平、机会公平、规则公平，可以在一定程度上校正社会财富初次分配的差异，有利于缓解和抑制贫富差距拉大引发的社会矛盾，奠定公平正义、和谐稳定的基石，使社会充满生机活力而又长期保持稳定。

（二）社会公共服务体系要公平惠及全体人民

社会公共服务体系建设，必须坚持发展为了人民、发展依靠人民、发展成果由人民共享，作出更有效的制度安排，使全体人民朝着共同富裕方向稳步前进，绝不能出现“富者累巨万，而贫者食糟糠”的现象。让广大人民群众共享改革发展成果，是社会主义的本质要求，是社会主义制度优越性的集中体现，是中国共产党坚持全心全意为人民服务根本宗旨的重要体现。改革发展成果公平惠及全体人民，才能充分调动人民群众推动发展的积极性、主动性、创造性，国家发展才能有最深厚的伟力。

（三）社会公共服务体系建设是实现公平正义的有效途径

解决发展不平衡不充分的问题，既要坚持发展，做大蛋糕，也要解决好发展的均衡性，分好蛋糕。加强社会公共服务体系建设，就是强调通过建立健全各项制度，完善社会政策，通过教育、医疗、文化、养老、体育等社会公共服务，为个体全面发展创造公平的社会环境。社会主义市场经济条件下，我们既要肯定和强调“先富带动后富”的重要意义，也要清醒地认识到“不患寡而患不均”，要高度重视可能引发的风险隐患。社会领域以保障和改善民生为重点，尤其需要注重公平正义。实践经验也告诉我们，新时期的普惠均等不同于平均主义，而是强调要筑牢民生保障底线，切实补短板强弱项，尽可能扩大覆盖面、延伸“最后一公里”服务，把工作着力点更多放在创造平等发展机会上。

第二节

社会公共服务体系建设的实践论

我们党一贯重视理论工作，强调理论必须同实践相统一。理论一旦脱离了实践，就会成为僵化的教条，失去活力和生命力。实践如果没有正确理论的指导，也容易“盲人骑瞎马，夜半临深池”。

——在十八届中央政治局第二十次集体学习时的讲话（2015 年 1 月 23 日）

时代是思想之母，实践是理论之源。加强社会公共服务体系建设，要勇于实践、善于实践，在实践中积累经验、进行理论升华，再用以指导实践、推动实践，在实践中使知识得到检验、修正、丰富和发展，这是认识客观规律的根本途径，也是把握客观规律的必由之路。习近平总书记关于加强社会公共服务体系建设、保障和改善民生的重要论述，明确了实践中应当遵循的基本原则，指明了根本路径。

一、必须坚持和完善统筹城乡的民生保障制度

要坚持和完善统筹城乡的民生保障制度，满足人民日益增长的美好生活需要。增进人民福祉、促进人的全面发展是我们党立党为公、执政为民的本质要求。必须健全幼有所育、学有所教、劳有所得、病有所医、老有所养、住有所居、弱有所扶等方面国家基本公共服务制度体系，注重加强普惠性、基础性、兜底性民生建设，保障群众基本生活。满足人民多层次多样化需求，使改革发展成果更多更公平惠及全体人民。

——《中国共产党第十九届中央委员会第四次全体会议公报》(2019年10月31日)

党的十九届四中全会通过的《中共中央关于坚持和完善中国特色社会主义制度 推进国家治理体系和治理能力现代化若干重大问题的决定》提出坚持和完善统筹城乡的民生保障制度，满足人民日益增长的美好生活需要，郑重宣示了中国共产党人永远不变的初心使命、始终如一的为民情怀，表明我国人民对幸福生活的追求有了更加坚实的制度保障。

（一）统筹城乡是民生保障制度的发展趋势

从民生保障制度的发展规律、国际经验和国内实践来看，城市民生保障制度往往先于农村民生保障制度诞生，也早于后者进入完善成熟阶段。长期以来，城市是消费需求的“倍增器”、投资需求的“加速器”，是我国各类要素资源和经济社会活动最集中的地方，是现代化建设的重要引擎。民生保障制度长期关注城市，公共服务资源向城市集聚，民生保障水平出现了城乡二元反差，与人民群众对美好生活的需要，新型城镇化和乡村振兴战略实施，以及全面建成小康社会的现实需要越来越不相适应。差距就是潜力，不足代表需求，落差形成势能。填平补齐民生保障在城乡之间的差异，意味着民生保障制度普惠性更强、惠及面更广、包容性更大，意味着巨大的市场空间和内需潜能得到激发，将为推动城乡互动协调发展、推进经济社会可持续发展提供强大动力，是民生保障制度的长期发展趋势。

（二）基本公共服务均等化是统筹城乡的基本要义

习近平总书记要求努力在统筹城乡关系上取得重大突破，特别是要在破解城乡二元结构，推进城乡要素平等交换和公共资源均衡配置上取得重大突破，给农村发展注入新的动力，让广大农民平等参与改革发展进程、共同享受改革发展成果。推进城乡之间基本公共服务均等化，是破除城乡二元体制，缩小城乡区域发展差距，促进生产资源要素和经济社会活动在城乡区域空间上均衡分布的基本前提，直接关系城乡统筹发展水平的高低。要加强制度衔接与整合，推动公共资源按常住人口规模配置，以服务半径和服务人口为基本依据，优化基本公共服务设施布局，增强对农村地区基本公共服务领域的财力投入，推动城市公共服务制度向农村延伸，促进城乡之间加快实现基本公共服务均等化。要全面建立系统完善、层次分明、衔接配套、科学适用的基本公共服务标准体系，明确中央和地方提供基本公共服务的质量水平和支出责任，以标准化促进基本公共服务均等化、普惠化。

（三）精准扶贫是建立统筹城乡民生保障制度的重要一环

义务教育和基本医疗是民生保障制度的重要方面，也是长期以来城乡差距最大、群众呼声最高、统筹难度最大的公共服务领域。农村地区教育、医疗底子薄弱，看不上病和看不起病、贫困家庭孩子辍学等问题是制约农村地区可持续发展的重要因素。通过精准扶贫，在普遍实现“两不愁”的基础上，重点攻克“三保障”面临的最后堡垒，加大对义务教育、基本医疗等方面投入，解决好群众上学难、看不起病等急迫的现实问题，抓住了建立统筹城乡的民生保障制度的“硬骨头”，是我国打赢脱贫攻坚战的重要经验之一，也是建立统筹城乡民生保障制度的重要一环。

二、必须加强普惠性、基础性、兜底性民生建设

要坚持以人民为中心的发展思想，从群众最关心的问题入手，坚持尽力而为、量力而行，落实各项惠民政策，做好普惠性、基础性、兜底性民生建设。

——在江西考察时的讲话（2019 年 5 月 23 日）

党的十九届四中全会指出，必须健全国家基本公共服务制度体系，注重加强普惠性、基础性、兜底性民生建设，保障群众基本生活。这充分体现了中国共产党深厚的为民情怀和强烈的忧患意识，指明了社会公共服务体系建设关键点和发力点。

（一）普惠性

享有基本公共服务是公民的基本权利，保障人人享有基本公共服务是政府的重要职责。社会公共服务体系是人人享有、各得其所，不是少数人、一部分人享有。社会公共服务体系建设要着眼于多数人对美好生活的需要，抓住最需要关心的人群，在更高水平上实现幼有所育、学有所教、劳有所得、病有所医、老有所养、住有所居、弱有所扶，让人民有更多、更直接、更实在的获得感、幸福感、安全感。

（二）基础性

由于每一个人社会禀赋不同，能力有大小，业绩有高低，机遇也有差异，因而获得的报酬、生活的水平也有差异，但是政府应当提供基本的生活保障，满足生存发展基本需求。基本公共服务的价值基础是国家对公民基本权利的保障，这些社会权利涉及人的生理需求和安全需求的较低层次，关系到人们的最根本利益，决定了公民在社会竞争中的起点、机会和条件的公平性，是政府必须承担的社会责任的底线，也构成了基本公共服务的保障范围。

（三）兜底性

注重兜底性，就是要从空巢老人、残疾人、精神病人、留守儿童、流浪乞讨人员等困难群体入手，从最突出的问题着眼，从最具体的工作抓起，通堵点、疏痛点、消盲点，坚决避免酿成冲击社会道德底线事件。加强兜底性民生建设，要反复论证是否是“最困难”“最突出”“最需要”，真正弄清楚什么样的群众需要保障，必须弄清楚兜什么样的底，把钱花在刀刃上，把力用在痛点上，真正救困救急。

三、必须以供给侧结构性改革为主线

必须把改善供给侧结构作为主攻方向，从生产端入手，提高供给体系质量和效率，扩大有效和中高端供给，增强供给侧结构对需求变化的适应性，推动我国经济朝着更高质量、更有效率、更加公平、更可持续的方向发展。

——在十八届中央政治局第三十八次集体学习时的讲话（2017 年 1 月 22 日）

推进供给侧结构性改革，是适应把握引领经济发展新常态的重大创新，是推动社会公共服务体系实现高质量发展的必然要求。习近平总书记指出，推进供给侧结构性改革，是一场硬仗。要把握好“加法”和“减法”、当前和长远、力度和节奏、主要矛盾和次要矛盾、政府和市场的关系，以锐意进取、敢于担当的精神状态，脚踏实地、真抓实干的工作作风，打赢这场硬仗[1]。加强社会公共服务体系建设，要以供给侧结构性改革为主线，转变发展方式，为社会公共服务体系高质量发展提供有力支撑。

（一）正确认识供给和需求的关系

供给和需求是社会公共服务体系内在关系的两个基本方面，是对立统一的辩证关系，二者相互依存、互为条件。没有需求，公共服务供给就无从实现，新的需求可以催生新的供给；没有供给，公共服务需求就无法满足，新的供给可以创造新的需求。供给侧结构

[1]《习近平关于社会主义经济建设论述摘编》，中央文献出版社 2017 年版，第 104 页。

性改革，既强调供给又关注需求，既突出发展社会生产力又注重完善生产关系。供给侧结构性改革的根本，是使我国供给能力更好满足广大人民日益增长、不断升级和个性化的物质文化和生态环境需要，从而实现社会主义生产目的，这与加强社会公共服务体系建设、保障和改善民生的内在要求是一致的。

（二）社会公共服务体系的主要问题在供给侧

供给侧管理和需求侧管理是推动社会公共服务体系改革的两个基本手段。需求侧管理，重在解决总量性问题。供给侧管理，重在解决结构性问题。当前和今后一段时期，我国社会公共服务体系面临的问题，供给和需求两侧都有，但是矛盾的主要方面在供给侧。随着我国社会主要矛盾发生变化，人民群众对教育、医疗、养老、文化、体育等公共服务的需求与日俱增，如果社会公共服务体系的供给质量不能同步跟上，有效供给能力不足将导致大量需求无法满足，甚至产生需求外溢。解决这些结构性问题，必须从供给侧发力，把改善供给侧结构作为主攻方向，实现由低水平供需平衡向高水平供需平衡跃升。

（三）努力实现更高水平和更高质量的供需动态平衡

社会公共服务体系供给侧结构性改革的重点，是用改革的办法推进结构调整，减少无效和低端供给，扩大有效和中高端供给，增强供给结构对需求变化的适应性和灵活性，优化存量资源配置，扩大优质增量供给，实现更高水平和更高质量的供需动态平衡。具体来看，就是要在兜住社会民生底线的基础上，通过多种方式扩大教育、医疗、文化、体育、养老等公共服务供给，不仅要扩大供给数量，更要提高供给质量，解决公共服务资源闲置与公共服务短缺并存问题，让高质量的公共服务不断满足人民高品质的生活需求。

四、必须推动经济发展和民生改善实现良性循环

要在保障基本公共服务有效供给基础上，积极引导群众对居家服务、养老服务、健康服务、文体服务、休闲服务等方面的社会需求，支持相关服务行业加快发展，培育形成新的经济增长点，使民生改善和经济发展有效对接、相得益彰。

——在部分省区党委主要负责同志座谈会上的讲话（2015 年 7 月 17 日）

经济发展与民生改善辩证统一。没有经济发展，不可能有民生改善，没有民生改善，经济发展也将停滞不前。要全面把握民生和发展相互牵动、互为条件的关系，为经济发展创造更多有效需求，使民生改善和经济发展有效对接、良性循环、相得益彰。

（一）经济发展是民生改善的物质基础

民生改善是目的，经济发展是基础。只有经济发展了，经济

实力和综合国力增强了，人民生活改善才不会是空中楼阁。改革开放以来，我国坚持以经济建设为中心，国家经济实力不断增强，民生保障力度不断加大。党的十八大以来，以习近平同志为核心的党中央坚持以人民为中心的发展思想，坚持在发展中保障和改善民生，一大批惠民举措落地实施，人民获得感显著增强，这都是建立在我国经济发展的强大物质基础之上的。因此，要坚持不懈抓经济发展，不断扩大经济总量，才有可能创造更多的改革发展成果。

（二）抓民生也是抓发展

民生连着内需，连着发展。持续不断改善民生，既能有效解决群众后顾之忧，调动人们发展生产的积极性，又可以增进社会消费预期，扩大内需，催生新的经济增长点，为经济发展、转型升级提供强大内生动力。当经济发展处于主要依靠增加生产要素投入的粗放型发展阶段时，公共服务的改善更多依赖经济增长。而当经济发展更多依靠人力资本质量和技术进步时，公共服务对经济增长的贡献率将大幅提升。我国经济进入高质量发展阶段，公共服务将成为一种高效能支出，为经济发展积累高质量人力资本，培育优良消费环境和消费主体，进而带动其他需求成倍增长，最终转化为新增投资、积累、消费，引发一系列的再支出，形成一个不断累加的结果，推动经济运行，增加国民收入。

（三）社会公共服务兼具事业和产业双重属性

社会公共服务体系建设聚焦人的发展，既有补短板、兜底线的内容，也有调结构、增动能的内容，兼具事业和产业双重属性。一方面，通过加大对教育、卫生、文化、体育、社会保障等投入，能够增加公共产品和公共服务有效供给，保障群众基本生活和基本公共服务，补齐社会发展短板，有效改变经济社会“一条腿长、一条腿短”的状况。另一方面，社会公共服务又是低耗能、少污染、知识密集、高附加值的服务经济业态，有潜力、有空间、有后劲，多层次多样化的民生领域消费需求进入“快车道”，对经济增长的贡献率进一步提高，对深入实施扩大内需战略具有重要作用。

五、必须处理好政府和市场、中央和地方的关系

习近平总书记指出，把经济社会发展搞上去，就要各方面齐心协力来干，众人拾柴火焰高[1]。社会公共服务体系建设，政府不能包打天下，需要充分调动社会各方面广泛参与进来，处理好政府和市场、中央和地方的关系。

[1]《习近平谈治国理政》第二卷，外文出版社2017年版，第260页。

（一）政府和市场的关系

要处理好政府和市场的关系。使市场在资源配置中起决定性作用和更好发挥政府作用，是推进供给侧结构性改革的重大原则。我们既要遵循市场规律、善用市场机制解决问题，又要让政府勇担责任、干好自己该干的事。

——在十八届中央政治局第三十八次集体学习时的讲话（2017 年 1 月 22 日）

对于基本公共服务，政府是责任主体。与社会公众日益增长的公共服务需求相比，政府投入永远都是有限的，不可能同时满足基本公共服务和非基本公共服务的需求。如果政府将有限资源同时投入基本和非基本公共服务，既难以有效保障基本公共服务供给，又将对非基本公共服务领域的市场和社会参与产生挤出效应，难以发挥应有的作用。对于基本公共服务，政府要坚持保基本、兜底线、促公平的作用，把该管的事情切实管好、管到位，把该放的权放足、放到位，明确政府的责任和底线，加强市场活动监管，维护市场秩序，优化公共服务供给，更好满足人民群众需求。

对于非基本公共服务，要充分发挥市场作用。政府要以制度供给为主，资金引导为辅，降低社会力量进入的交易成本。市场决定资源配置是市场经济的一般规律，市场经济本质上是市场决定资源配置的经济。理论和实践都反复证明，市场配置资源是最有效率的形式。要进一步强化对市场在资源配置中发挥决定性作用的认识，以更大力度推进非基本公共服务领域市场化改革，减少政府对资源的直接配置，减少政府对微观经济活动的直接干预，把市场机制能够有效调节的经济活动都交给市场，为社会公共服务体系建设营造更优的市场环境。

（二）中央和地方的关系

要抓紧制定中央与地方事权和支出责任划分方案，适度加强中央事权和支出责任，把一些适宜地方政府负责的事务交给地方，减少中央和地方职责交叉、共同管理的事项。

——《围绕贯彻党的十八届五中全会精神做好当前经济工作》（2015年12月18日），《习近平关于社会主义经济建设论述摘编》，中央文献出版社2017年版，第65页

处理好中央和地方关系是保障和改善民生、加强社会公共服务体系建设的重要内容，要充分调动中央和地方两个积极性，推动央地目标统一、分工明确，鼓励地方因地制宜发挥主动性和创造性，形成推动社会公共服务体系建设的强大合力。

坚持党中央的集中统一领导。我国作为一个面积大、人口多、区域发展不平衡的大国，坚持全国一盘棋，加强中央宏观事务管理，把握好宏观调控的方向和力度，维护中央权威尤为必要，否则就难以整合到一起形成合力。因此，在加强社会公共服务体系建设

过程中，必须加强中央对社会公共服务体系的统筹规划和组织领导，明确总体目标、重点任务、重大工程和重大项目，明确中央部门与地方政府的各自职责，形成上下联动的工作推进机制，切实增强扩大内需的领导力和凝聚力。

注重调动地方积极性。由于各地实际情况不同，发展水平不一，中央制定的全国性、总体性的规划、政策等难以兼顾到各个地方的具体特点和实际需要。因此在坚持党中央集中统一领导的前提下，又要科学合理地赋予地方更多自主权，注重发挥各地的比较优势，支持地方创造性开展工作，尊重基层首创精神。因此，在实施社会公共服务体系建设过程中，既要强化结果导向，加强中央对地方工作的指导和督促，确保各地认真、全面、准确落实中央各项决策部署，同时也要支持地方围绕中央顶层设计进行差别化探索，鼓励地方担当作为，注重及时把地方成功的改革经验和体制机制成果在面上推广。

加快建立完善中央和地方财力与事权相匹配的财税体制。为更好发挥中央和地方两个积极性，要特别注重建立完善中央和地方财力与事权相匹配的财税体制。当前，事权配置与财力不相适应的问题依然存在，较低层级的地方政府以较少的财力承担着较多的事权，财政收支平衡面临较大压力。为此，在社会公共服务体系建设过程中，要合理划分中央与地方财政事权和支出责任，适度加强中央事权和支出责任，将部分社会保障、跨区域重大项目建设维护等作为中央和地方共同事权，逐步理顺事权关系。对于跨区域且对其他地区影响较大的公共服务，中央通过转移支付承担一部分地方事权支出责任。减少中央和地方职责交叉、共同管理的事项，加快建立权责清晰、财力协调、区域均衡的中央和地方财政关系。

政府间财政事权主要按照三个原则进行划分。一是受益范围原则。如果某项支出对区域外的其他地方产生影响，具有一定外部性，就应当由更高级次的政府承担。二是信息复杂程度原则。信息获取和处理越复杂、越可能造成信息不对称的事务，越应由地方特别是基层政府负责。三是调动积极性原则。财政事权划分要充分体现权责匹配，有利于各级政府积极主动履行职责和激励相容，实现总体利益最大化。具体实践中，多数国家中央（联邦）政府通常承担国防、外交、国家安全、出入境管理、跨域生态环境保护、反垄断和知识产权保护等方面的职能，地方政府主要承担基础教育、社会救助、社会治安、市政交通等方面事务，一般由中央和地方共同承担跨区域基础设施、高等教育、科技研发、公共文化以及基本医疗和公共卫生等外部性较强的事务。在我国，社会公共服务关系社会公平正义、劳动力质量、国民健康水平、区域协调发展和社会和谐稳定，多为中央和地方共同事权。

第三节

社会公共服务体系建设的方法论

前进道路上，我们要增强战略思维、辩证思维、创新思维、法治思维、底线思维，加强宏观思考和顶层设计，坚持问题导向，聚焦我国发展面临的突出矛盾和问题，深入调查研究，鼓励基层大胆探索，坚持改革决策和立法决策相衔接，不断提高改革决策的科学性。

——*在庆祝改革开放40周年大会上的讲话（2018年12月18日）*

要善于认识不断变化着的经济社会发展规律，从根本上提高解决改革发展中的基本问题和层出不穷新问题的本领，最关键的是要掌握马克思主义的科学思想方法和工作方法。习近平新时代中国特色社会主义经济思想的一个鲜明特点是，既注重破解经济改革发展中的各种实际问题，部署“过河”的任务，又强调科学的方法论，指导解决“桥或船”的问题，体现着战略思维、辩证思维、创新思维、法治思维、底线思维等科学的思想方法。加强社会公共服务体系建设，既要全面准确领会习近平新时代中国特色社会主义经济思想的丰富内涵、思想体系和实践要求，又要深刻把握贯穿其中的科学思想方法和工作方法，不断提高攻坚克难、化解矛盾、驾驭复杂局面的能力。

一、战略思维谋大势

要增强大局意识、战略意识，善于算大账、总账、长远账，不能只算地方账、部门账、眼前账，更不能为了局部利益损害全局利益、为了暂时利益损害根本利益和长远利益。

——在省部级主要领导干部学习贯彻党的十八届五中全会精神专题研讨班上的讲话（2016 年 1 月 18 日）

战略思维能力，就是高瞻远瞩、统揽全局，善于把握事物发展总体趋势和方向的能力。加强社会公共服务体系建设，要既立足当前又放眼长远，既熟悉国情又把握世情，保持历史耐心和战略定力。

（一）站在全局高度系统谋划

加强社会公共服务体系建设，要树立全局意识、大局观念，要善于从全局看问题。只有站在时代前沿和战略全局的高度观察、思考和处理问题，从政治上认识和判断形势，透过纷繁复杂的表面现象把握事物的本质和发展的内在规律，才能在解决突出问题中实现战略突破，在把握战略全局中推进各项工作。一个国家公共服务的制度性安排，在很大程度上受该国的历史条件、文化基础、经济社会发展水平、政府管理方式，甚至各种学术思潮交融变化的影响。加强社会公共服务体系建设，不能就局部论局部、“只见树木、不见森林”，要运用全局视野和战略思维，观大势、谋全局、抓大事。既要专注深度，又要注重覆盖广度，既要站在历史发展的时间坐标上瞻前顾后，看是否符合规律、是否能管长远，又要站在国际政治经济格局演变的空间坐标上，向其他国家看，看是否有可以借鉴的经验教训。离开经济社会发展全局，社会公共服务体系建设就会成为无源之水、无本之木。

（二）坚持问题导向

增强战略思维，要分清主流、支流，抓住社会公共服务体系建设中的问题要害，对各种矛盾做到心中有数，同时又要优先解决主要矛盾和矛盾的主要方面，以此带动其他矛盾的解决。要有强烈的问题意识，以重大问题为导向，抓住关键问题进一步研究思考，着力推动解决社会公共服务体系建设中突出瓶颈。我国社会主要矛盾已转化为人民日益增长的美好生活需要和不平衡不充分的发展之间的矛盾，人民群众对美好生活的需要日趋多元化，社会结构多元发展，利益格局深刻变动，各种深层次矛盾相互交织。在此背景下，社会公共服务体系建设不能平均用力，必须突出重心、聚焦靶心、集中用力、精准发力，注重抓重要领域和关键环节，将有限的资源优先用在“刀刃”上。

（三）保持历史耐心和战略定力

改革开放四十多年来，我国社会公共服务体系建设经历了不同阶段。改革开放至党的十四大前，教育、医疗卫生、社会保险等领域改革探索推进，主要目标是服务于经济体制改革需要。党的十四大至党的十八大前，人民群众收入水平大幅增长，衣食住行、子女教育、医疗卫生、养老等方面的需求进一步释放，社会领域改革发展从主要服务于经济体制改革向扩大供给以不断满足人民群众日益增长的需要转变。党的十八大以来，社会公共服务体系建设不断丰富供给、提高质量、创新方式，以更好满足人民群众的美好生活需要。由此可见，保障和改善民生是一项长期任务，要始终认清并尊重历史规律，准确把握国情，不妄求超越历史阶段，不盲目乐观或激进贪功，冷静面对推进过程中已经出现和可能出现的问题，做到一件事情接着一件事情办、一年接着一年干，“蹄疾而步稳、勇毅而笃行”，锲而不舍向前走。

二、创新思维添动力

我们必须把创新作为引领发展的第一动力，把人才作为支撑发展的第一资源，把创新摆在国家发展全局的核心位置，不断推进理论创新、制度创新、科技创新、文化创新等各方面创新，让创新贯穿党和国家一切工作，让创新在全社会蔚然成风。

——《以新的发展理念引领发展，夺取全面建成小康社会决胜阶段的伟大胜利》（2015 年 10 月 29 日），《十八大以来重要文献选编》（中），中央文献出版社 2016 年版，第 825 页

创新思维能力，就是破除迷信、超越陈规，善于因时制宜、知难而进、开拓创新的能力。社会公共服务体系不是教科书里的教条，不是刻板僵化的戒律，而是在实践中不断发展变化的生命体。加强社会公共服务体系建设，要有敢为人先的锐气，摒弃惯性思维，以思想认识的新飞跃打开新局面，迈上新台阶。

（一）解放思想，锐意改革，完善顶层设计

党的十八大以来，习近平总书记运筹帷幄、总揽全局，亲力亲为谋划指导改革的顶层设计、总体布局，统筹协调、整体推进、督促落实，形成了集中统一的改革领导体制、务实高效的统筹决策机制、上下联动的协调推进机制、有力有序的督办落实机制，多次主

持召开中央全面深化改革领导小组、中央全面深化改革委员会会议，专题研究推进社会公共服务领域重大改革，坚决破除民生保障体制机制弊端。社会领域改革全面发力，多点突破、纵深推进，着力增强改革系统性、整体性、协同性，压茬拓展改革深度和广度，相继推出继续教育、医药卫生、文化体制改革，深化国家公园体制改革，加强基本公共服务标准体系建设，全面放开养老服务市场，为社会公共服务体系建设奠定了坚实的制度基础。

（二）尊重首创精神和群众智慧，鼓励开展基层创新

一个个不断涌现的基层创新，激荡新时代最活跃的改革因子。回望中国改革开放的发展历程，我们在认识和实践上的每一次突破和发展，都是基层发扬创新精神，突破旧有理论和制度羁绊的成果。加强社会公共服务体系建设，要鼓励基层创新，继续发扬敢闯敢试、敢为人先的精神，善于从群众关注的焦点、百姓生活的难点寻找改革的切入点，推动形成更加浓厚、更有活力的改革创新氛围。要善于抓正面典型，及时发现总结基层创新举措和鲜活经验，以点带面，推动改革落地。要善于运用抓典型的办法抓落实，宣传推广有益经验和做法，促进各地相互交流，取长补短，“美人之美、美美与共”。

（三）试点是推进促进顶层设计和基层探索相结合的重要方法

坚持加强党的领导和尊重人民首创精神相结合，坚持“摸着石

头过河”和顶层设计相结合，坚持问题导向和目标导向相统一，坚持试点先行和全面推进相促进，既鼓励大胆试、大胆闯，又坚持实事求是、善作善成。试点能否迈开步子、蹚出路子，直接关系改革成效。社会公共服务体系建设要取得成功，既要高瞻远瞩、顶层设计，又要有基层创新、试点推广。改革往往要走未走过的路，因此免不了要试错。试点为降低改革风险、摸清改革规律打牢基础，有力推动顶层设计与基层探索良性互动、有机结合。近年来，以习近平同志为核心的党中央聚焦重大改革任务，突出抓好一系列重大试点，深耕细作改革“试验田”，为推进全国面上改革积累了丰富经验，激发出生机活力。“十三五”以来，社会公共服务体系建设积极推动试点工作，一大批试点示范项目加快落地实施，充当了社会公共服务体系建设的“侦察兵”和“先遣队”，为推动试点由点及面逐次铺开，带动改革全局起到了积极作用。

三、辩证思维增智慧

学习掌握唯物辩证法的根本方法，不断增强辩证思维能力，提高驾驭复杂局面、处理复杂问题的本领。

——在十八届中央政治局第二十次集体学习时的讲话（2015 年 1 月 23 日）

辩证思维能力，就是承认矛盾、分析矛盾、解决矛盾，善于抓住关键、找准重点、洞察事物发展规律的能力。加强社会公共服务体系建设，矛盾千头万绪、涉及面广，要认真学习辩证唯物主义，客观地而不是主观地、发展地而不是静止地、全面地而不是片面地、系统地而不是零散地、普遍联系地而不是孤立地观察事物、分析问题、解决问题，在矛盾双方对立统一的过程中把握事物发展规律，克服极端化、片面化。

（一）保障和改善民生必须尽力而为

尽力而为，强调党和政府的责任担当和主动作为。当前，中国特色社会主义进入新时代，伴随着社会主要矛盾发生变化，民生工作面临的宏观环境和内在条件也在发生变化，人民对美好生活的需要日益广泛，对收入稳步提高、优质医疗服务、教育公平、住房改善、优美环境和洁净空气等有着更多更高层次的需求。要适应这些新变化，坚持尽力而为，采取针对性更强、覆盖面更大、作用更直接、效果更明显的举措，把人民群众的小事当作自己的大事，从人民群众关心的事情做起，从让人民群众满意的事情做起，带领人民群众不断创造美好生活。保障和改善民生没有终点，只有连续不断的新起点。每一个新起点都是为着一个明确的时间节点，都对应着一个个实实在在的民生目标。时间节点正是民生事业积小胜为大胜、在谋大势中成大事的重要坐标和里程碑。要拿出实实在在的举措，一个时间节点一个时间节点往前推进，以钉钉子精神落实好党中央关于民生工作的战略部署。

（二）保障和改善民生必须量力而行

量力而行，强调实事求是和一切从实际出发。民生改善有一个从低层次到高层次、从不均衡到均衡的过程。当今世界，一些国家在民生保障上摇摆不定，一些西方政党为了在选举中取悦选民，作出过高福利许诺，要么无法兑现，要么加重政府和企业负担、拖累经济发展甚至造成社会乱局。习近平总书记指出，财政收入不可能像原来那样高速增长，要处理好经济发展和保障民生的关系[1]。我国仍处于并将长期处于社会主义初级阶段的基本国情没有变，我国是世界最大发展中国家的国际地位没有变，民生保障水平要与经济发展水平相适应，而不应该脱离财力作空头承诺。因此，加强社会公共服务体系建设既不能裹足不前、铢施两较、该花的钱也不花，也不能好高骛远、寅吃卯粮、口惠而实不至。要坚持从实际出发，将福利水平提高建立在经济和财力可持续的基础上，坚决避免福利陷阱。

（三）保障和改善民生必须稳中求进

唯物辩证法认为，事物的发展是新与旧的交替和质与量的统一。社会公共服务体系的发展就是在存量与增量关系的动态变化中实现的。稳是社会公共服务体系建设的大局和基调，需要在稳的大局和基调中解决存量不平衡、不充分的问题。把稳的大前提确定下

[1]《习近平谈治国理政》第二卷，外文出版社2017年版，第80页。

来，实现平稳发展，才能守住民生底线，守住防范系统性风险的底线。在稳的前提下，要在关键领域有所作为，在把握好度的前提下奋发有为，全力解决好人民群众关心的教育、医疗卫生等问题，才能不断推动社会公共服务体系建设取得新进展、新突破、新成效。

四、法治思维促规范

我们必须认认真真讲法治、老老实实抓法治。各级领导干部要对法律怀有敬畏之心，带头依法办事，带头遵守法律，不断提高运用法治思维和法治方式深化改革、推动发展、化解矛盾、维护稳定的能力。

——在党的十八届四中全会第二次全体会议上的讲话（2014 年 10 月 23 日）

法治思维，就是基于对法律和规范的信仰和遵守，自觉运用法治理念、原则和逻辑认识、分析和解决问题的思维方式。党的十八大以来，以习近平同志为核心的党中央提出全面依法治国的重大战略部署。加强社会公共服务体系建设，要善于运用法治思维和法治方式深化改革，推动发展。

（一）法治理念要贯穿社会公共服务体系建设始终

在市场经济条件下，人们的思想观念多元，利益分歧和矛盾冲突相互交织，只有法治才能有效整合多种张力、化解多种冲突，为全面深化改革保驾护航。社会公共服务体系建设涉及人民群众切身利益，政策性强、社会关注度高、各种利益交织、错综复杂，要善于运用法治思维，努力以法治凝聚改革共识、规范发展行为、促进矛盾化解，运用法治方式厘清政府和市场、中央和地方、基本和非基本等多种关系，界定权责义务，加强监督落实，保证社会不同利益主体依法寻求自身利益最大化的同时，促进社会公平正义，维护社会和谐稳定。

（二）确保深化改革沿着法治轨道有序推进

改革和法治如鸟之两翼、车之两轮，相辅相成、相伴而生。推进社会公共服务体系建设，要坚持改革决策和立法决策相统一、相衔接，做到改革和法治同步推进。要充分运用法治思维和法治方式，积极发挥法治引导、推动、规范、保障改革的作用。要加强对相关立法工作的协调，确保在法治轨道上推进改革。实践证明行之有效的，要及时上升为法律。实践条件还不成熟、需要先行先试的，要按照法定程序作出授权。对不适应改革要求的法律法规，要及时修改和废止。出台涉及群众切身利益、群众反映强烈的重要政策要依法依程序进行，充分听取有关方面意见建议并认真研究。

（三）以法治方式促进基本公共服务均等化

标准化和规范化是法治的表现形式。加强社会公共服务体系建设，要以建立基本公共服务标准体系为抓手，厘清社会领域公共服务基本与非基本边界，推动基本公共服务理念融入政府治理各环节、各领域。要以标准化手段优化资源配置、规范服务流程、提升服务质量、明确权责关系、创新治理方式，确保基本公共服务覆盖全民、兜住底线、均等享有。政府部门要更加注重加强普惠性、基础性、兜底性民生建设，健全完善基本公共服务制度体系，确保在基本公共服务领域不缺位、不越位。

（四）推动基本公共服务法治化进程

基本公共服务法治化是对基本公共服务工作的条件、程序、方式和方法等作出法律规范。基本公共服务在法治模式下，法律的权威得以树立、法治的价值得以彰显、信息资源得以充分利用、效率得以提高，最终达到增加公共福利、保持社会稳定、促进经济增长的目的。经过多年来的不断调整和完善，我国基本公共服务制度在构建理念、体系建设和制度框架等方面都已经基本成型，加快推进法制建设应成为健全国家基本公共服务体系的重要着力点。

五、底线思维控风险

要坚持问题导向、底线思维，防患于未然、防患于萌发之时，制定政策的前提是针对问题、开准药方，充分估计最坏的可能性，同时通过工作确保不出现最坏的情景，坚决守住金融风险、社会民生、生态环境等底线。

——在中央经济工作会议上的讲话（2016 年 12 月 14 日）

习近平总书记指出，做决策、办事情，要善于运用底线思维的方法，凡事从坏处准备，努力争取最好的结果，这样才能有备无患、遇事不慌，牢牢把握主动权[1]。底线思维能力，就是客观地设定最低目标，立足最低点，争取最大期望值的一种积极的思维能力。“纷繁世事多元应，击鼓催征稳驭舟。”提高底线思维能力，就是要居安思危、增强忧患意识，宁可把形势想得更复杂一点，把挑战看得更严峻一些，做好应付最坏局面的思想准备。要增强前瞻意识，见微知著、未雨绸缪，把工作预案准备得更充分、更周详，做到心中有数、处变不惊。

（一）社会公共服务体系建设要坚持底线原则

改革是社会主义制度自我完善和发展，怎么改、改什么，有政治原则和底线。越过底线，就会走向事物的反面。在推进社会公共服务体系建设过程中，要深刻把握需要坚持的底线原则，深入细致做好社会托底工作。我们要密切关注、及时发现、坚决消除各类苗头性、倾向性、潜在性问题，高度警惕不顾条件、脱离实际的过度福利化倾向，避免吊高胃口，掉入福利陷阱。

[1]《深入学习习近平同志系列讲话精神》，人民出版社2013年版，第143页。

（二）社会公共服务体系建设要强化短板意识

木桶的容量取决于最短的那块木板，要防止一着不慎、满盘皆输。当前，我国经济社会发展中的各种深层次矛盾日益凸显，诸多民生难题牵一发而动全身。直面挑战，需要逢山开路、遇河架桥的勇气，也需要未雨绸缪、补齐短板的自觉。社会公共服务体系建设过程中，无论是规划编制、政策制定，还是出台解决具体问题的工作方案，都需要准确找出短板。既要补齐具体人群享受公共服务的短板，也要补齐具体领域公共服务的短板，还要补齐重点地区的短板，推动基本公共服务资源向困难群体、薄弱领域和特殊地区倾斜。

（三）社会公共服务体系建设要兜牢民生底线

社会公共服务很多涉及民生底线，一旦出问题都是大问题。兜牢民生底线，是保障和改善民生、维护社会和谐稳定的根基。加强社会公共服务体系建设，必须充分发挥社会政策托底功能，坚持全覆盖、突出保基本，多做雪中送炭的事，少做锦上添花的事，织密扎牢民生保障“安全网”，着力防范和化解重大风险，努力提高就业、养老、教育、医疗等公共服务水平和质量，关注中低收入阶层的公共服务保障问题，针对留守儿童、残疾人、特困老年人、精神病人等特殊困难群体加强帮扶，提高共享水平，始终牢牢守住保障群众基本生活和基本权益这一民生底线。

第三章

生动实践：在发展中保障和改善民生

我国国家制度和国家治理体系始终着眼于实现好、维护好、发展好最广大人民根本利益，着力保障和改善民生，使改革发展成果更多更公平惠及全体人民。党的十八大以来，以习近平同志为核心的党中央把人民对美好生活的向往作为奋斗目标，攻坚克难，砥砺前行，全面建成小康社会取得历史性成就。“十三五”期间，坚持在发展中保障和改善民生，加快推进社会公共服务体系建设，统筹做好脱贫攻坚、教育、医疗卫生、文化旅游、社会福利和社会救助、养老托育、全民健身等各项民生工作，把为人民造福的事情真正办好办实，让群众看到变化、得到实惠。

第一节

基本民生底线不断筑牢兜实

社会政策要托底，就是要守住民生底线。“十三五”以来，我国不断健全基本民生保障和公共服务制度，注重加强普惠性、基础性、兜底性民生建设，全力保障人民群众基本生活。

一、国家基本公共服务制度持续完善

经国序民，正其制度。治国有常，而利民为本。党的十九大报告明确要求，坚持人人尽责、人人享有、坚守底线、突出重点、完善制度、引导预期，完善公共服务体系，保障群众基本生活，不断满足人民日益增长的美好生活需要，不断促进社会公平正义。2017年，国务院印发《“十三五”推进基本公共服务均等化规划》，逐

步构建起覆盖全民的国家基本公共服务制度体系，明确了项目内容、服务对象、质量标准、支出责任、政策举措、实施机制等一系列规定和制度安排，国家基本公共服务项目得到全面落实，服务范围不断拓展，保障能力和均等化水平显著增强。

（一）国家基本公共服务制度体系更加健全

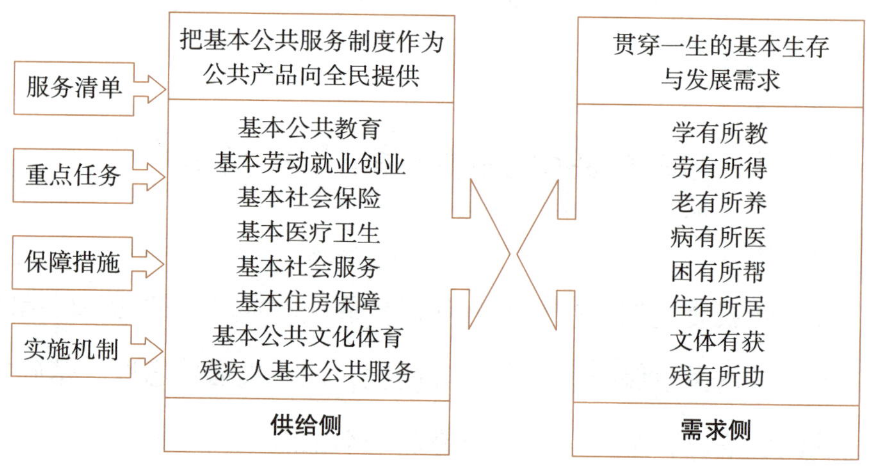

图3-1　“十三五”国家基本公共服务制度框架示意图

制定基本公共服务项目清单。国家建立基本公共服务清单制，依据现行法律法规和相关政策确定基本公共服务主要领域，以及各领域具体服务项目和国家标准，并向社会公布。“十三五”国家基本公共服务项目清单包括基本公共教育、基本劳动就业创业、基本社会保险、基本医疗卫生、基本社会服务、基本住房保障、基本公共文化体育、残疾人基本公共服务等8大领域81项，明确了国家向全民提供基本公共服务的底线范围，为政府履行职责和公民享有相应权利提供了依据。在国家基本公共服务内容框架基础上，各地结合实际，将国家确定的基本公共服务主要领域、服务项目和指导标准纳入当地的基本公共服务清单，三分之二的省份根据当地特点增加了项目数量，例如天津125项、上海96项、浙江114项。

» 专栏 3-1

成都“三张清单”推进基本公共服务改革

成都紧扣城市发展战略导向和市民美好生活需求，建立基本公共服务政策、公共服务基础设施建设重点项目、基本公共服务基础数据“三张清单”，实现基本公共服务清单、基础设施、服务项目供给、高品质生活需求相互促进、动态调整、联动提升。

一是建立成都市基本公共服务政策清单。《成都市2020年基本公共服务清单白皮书》公布了基本公共教育、基本公共就业、基本社会保险、基本医疗和公共卫生、基本社会服务、基本住房保障、基本公共文化体育、残疾人基本公共服务、优抚安置服务等9大领域100项服务项目，并明确服务对象、服务内容、保障标准、支出责任、主责单位，形成项目清晰、服务对象明确、保障标准可查、覆盖水平可评的基本公共服务清单。

二是建立成都市公共服务基础设施建设重点项目清单。按15分钟步行距离（800～1 000米）为服务半径合理配置社区管理、基础教育、医疗养老、文化体育、商业服务、市政交通等8大类18项基本公共服务设施，统一全市公服设施配置标准，构建形成综合完善、便捷高效的社区生活服务圈。

三是建立全市统一的基本公共服务基础数据清单。打造“互联网+市民服务”总入口“天府市民云”，实现市民服务“一网通办”，已集成生活、政务等服务203项，服务市民超1.6亿人次。

明确国家基本公共服务对象。《“十三五”推进基本公共服务均等化规划》按照兜底线、保基本的原则，切实加大基本公共服务向重点人群倾斜力度，除少数服务项目的服务对象界定为全体公民之外，绝大多数服务项目针对残疾人、老年人和贫困家庭等特殊重点群体。比如，残疾人基本公共服务的服务对象多为困难和重度残疾人，老年人福利补贴项目的服务对象为经济困难的高龄、失能老年人，法律援助的服务对象为经济困难公民和特殊案件当事人。

健全基本公共服务标准体系。建立健全基本公共服务标准体系是促进基本公共服务均等化的重要手段，2018年中共中央办公厅、国务院办公厅印发《关于建立健全基本公共服务标准体系的指导意见》，提出建立健全基本公共服务标准体系，中央与地方提供基本公共服务的质量水平等，以标准化促进基本公共服务均等化、普及化、便捷化，推进城乡区域基本公共服务制度统一，促进各地区各部门基本公共服务质量水平有效衔接，以标准化手段优化资源配置、规范服务流程、提升服务质量、明确权责关系、创新治理方式，确保基本公共服务覆盖全民、兜住底线、均等享有。

厘清基本公共服务支出责任。基本公共服务项目除社会保险等少数领域由企业和个人出资外，大多数领域由政府出资。不同服务项目分属不同层级政府事权，中央和地方承担不同支出责任。2018年，国务院办公厅印发《基本公共服务领域中央与地方共同财政事权和支出责任划分改革方案》，首先将教育、医疗卫生、社会保障等领域中与人直接相关的主要基本公共服务事项明确为中央与地方共同财政事权，并合理划分支出责任，同时完善相关转移支付制度，确保更好地为人民群众提供基本公共服务。目前，义务教育免费、自然灾害救助、药品安全保障等全国性公共服务由中央政府和地方政府共同分担，最低生活保障、基本养老服务补贴等地方性公共服务由地方政府负责。

»专栏 3-2

“十三五”社会公共服务五大工程

一、教育现代化推进工程：主要支持优质普惠学前教育资源扩容建设、义务教育学校建设、教育基础薄弱县普通高中建设，职业教育产教融合工程、中西部高校基础能力建设等。

二、全民健康保障工程：主要支持健康扶贫、妇幼健康保障、公共卫生服务能力、疑难病症诊治能力、中医药传承和创新等。

三、文化旅游提升工程：主要支持公共文化服务设施、国家文化和自然遗产保护利用设施、旅游基础设施和公共服务设施建设等。

四、公共体育普及工程：主要支持社会足球场地、全民健身中心和县级公共体育场中标准田径跑道和足球场建设等。

五、社会服务兜底工程：主要支持养老服务体系建设、社会福利体系建设、残疾人服务体系建设等。

（二）基本公共服务能力和均等化水平显著增强

“十三五”期间，我国基本公共服务保障水平不断提升。教育领域，各级各类教育生师比逐年下降。普通小学、普通高中、中等职业教育的生师比分别从2015年的17.05、14.01、20.47下降到2019年的16.85、12.99、18.94。医疗卫生领域，医疗卫生机构床位和执业医师的人均覆盖能力显著提升，主要健康指标已经总体上优于中高收入国家平均水平。2015—2019年，每千人口医疗卫生机构执业（助理）医师数、每千人口医疗卫生机构床位数分别从2.21人、5.11张提高到2.77人、6.3张。养老服务领域，养老服务能力水平不断提升。2010—2019年，每千老年人口养老床位数从17.8张提高到30张。

“十三五”期间，我国基本公共服务均等化程度不断提高，城乡发展更加均衡，区域差距不断缩小。截至2019年，全国共有2 767个县通过义务教育基本均衡发展国家督导评估认定，占全国总县数的95.3%。随着公共财力不断增强，各地按照城乡融合发展要求，持续推动制度衔接整合，加快农村基本公共服务制度向城市制度靠拢或转变，城乡之间制度性差异显著减小。在整合城镇居民基本养老保险制度与新型农村社会养老保险制度基础上，形成了城乡居民基本养老保险制度。城市公共服务制度向更多人群覆盖延伸，推动城市外来务工人员享有与当地居民同等的基本公共服务待遇。

近年来，党中央、国务院着力加强对中西部地区转移支付力度，增强对基本公共服务领域财力支撑。中西部地区九年义务教育免费住宿生所占比重和营养改善计划受益学生比重均高于全国平均水平，西部地区又明显高于中部地区，加快缩小了区域基础教育差距。中西部地区每千人口医疗卫生机构床位数增长速度较快，已高于东部地区，每千人口医疗卫生机构执业（助理）医师数量差距持续缩小。

二、助力打赢脱贫攻坚战

习近平总书记指出，到2020年稳定实现农村贫困人口不愁吃、不愁穿，义务教育、基本医疗、住房安全有保障，是贫困人口脱贫的基本要求和核心指标[1]。2015年，中共中央、国务院印发《关于打赢脱贫攻坚战的决定》。2018年，中共中央、国务院印发《关于打赢脱贫攻坚战三年行动的指导意见》明确，到2020年，实现贫困地区基本公共服务主要领域指标接近全国平均水平。实现不愁吃、不愁穿“两不愁”相对容易，实现保障义务教育、基本医疗、住房安全“三保障”难度较大。“十三五”以来，各级党委和政府紧盯义务教育、基本医疗等公共服务主要领域，坚持缺什么补什么，持续加大集中攻坚，努力通过教育扶贫拔穷根、健康扶贫脱穷境，让精准脱贫扶到点上、扶到根上。

[1]《习近平谈治国理政》第三卷，外文出版社2020年版，第159页。

（一）以义务教育有保障为核心推进教育扶贫

脱贫攻坚，教育先行。补齐贫困地区教育发展短板，精准发力、精准施策，让贫困家庭子女都能接受公平而有质量的教育，是打赢脱贫攻坚战的重要举措。2016年9月，习近平总书记在北京市八一学校考察时指出，推进教育精准脱贫，重点帮助贫困人口子女接受教育，阻断贫困代际传递，让每一个孩子都对自己有信心、对未来有希望[1]。“十三五”期间，国家加大对革命老区、民族地区、边远地区、贫困地区基础教育的投入力度，保障贫困地区办学经费，健全家庭困难学生资助体系。

攻坚全面改薄，保障义务教育底线。近年来，国家先后实施全面改善贫困地区薄弱学校基本办学条件（简称“全面改薄”）、义务教育薄弱环节改善与能力提升工程，聚焦解决贫困地区教育发展的突出短板，全面改善贫困地区义务教育学校基本办学条件，加强乡镇寄宿制学校和乡村小规模学校建设，消除城镇学校大班额。“全面改薄”是我国义务教育学校建设史上中央财政投资最大的单项工程。截至2019年底，全国31.96万所义务教育学校（含教学点）办学条件达到“20条底线”要求，占全国义务教育学校总数的99.8%。“三区三州”基本消除城镇“超大班额”问题。

[1] 在北京市八一学校考察时的讲话（2016年9月9日），《人民日报》2016年9月10日。

》专栏 3-3

全面改薄20条底线要求

1. 消除D级危房。新建校舍抗震设防类别不低于重点设防类，满足综合防灾要求。

2. 多层校舍建筑每幢不少于2部楼梯，楼梯坡度不大于30度，护栏坚固。

3. 教室和宿舍内外墙面平整，无明显尖锐突出物体，室内无裸露电线。

4. 教学用房室内采光良好，照明设施完善，光线充足。

5. 学生1人1桌1椅（凳）。

6. 按国家标准配置满足教学需求的黑板。

7. 设置旗台、旗杆，按要求升国旗。

8. 具备适合学生特点的体育活动场地和设施设备，有利于开展具有当地特色的体育活动。

9. 因地制宜设置满足校园安全需要的围墙或围栏。

10. 新增图书为适合学生年龄特点的正版图书，配备复本量应视学校规模和图书使用频率合理确定。

11. 有可供开展多媒体教学的教室。

12. 学生宿舍不设在地下室或半地下室。

13. 寄宿学生每人1个床位，消除“大通铺”现象。

14. 寄宿制学校或供餐学校具备食品制作或加热条件。

15. 配备开水供应设施设备。

16. 有条件的地方，新建校舍一般设置水冲式厕所。厕位够用，按1∶3设置男女蹲位。旱厕应按学校专用无害化卫生厕所设置。

17. 除特别干旱地区外，寄宿制学校应设置淋浴设施。

18. 配置消防和应急照明设备，设置疏散标志。

19. 在校门、宿舍等关键部位安装摄像头和报警装置。宿舍区配备急救箱。

20. 消除66人以上超大班额。

紧抓控辍保学，健全学生资助体系。持续推进控辍保学专项行动，完善工作机制，落实各级政府、学校和监护人责任，避免因贫困、上学不便等原因而辍学，让上学路上一个都不能少。截至2019年底，全国832个国家级贫困县义务教育阶段辍学学生人数已由台账建立之初的29万减少至4 000，其中建档立卡家庭贫困学生人数由15万减少至500。贫困学生资助政策体系实现了各个教育阶段全覆盖、公办民办学校全覆盖、家庭经济困难学生全覆盖，2019年，全国累计资助各教育阶段学生1.06亿人次，在制度上基本保障了“不让一个学生因家庭经济困难而失学”。

落实技能脱贫，扩大职教受益群体。办好深度贫困地区职业教育，助力脱贫攻坚，确保深度贫困地区建档立卡贫困户中有职业教育需求的学生能够接受中高等职业教育，更多的建档立卡户中的劳动力能够接受职业技能培训。加强职业教育东西协作，利用优质职教资源开展精准扶贫，东部地区兜底式招收西部地区建档立卡贫困家庭子女接受优质中职教育，毕业后根据学生意愿优先推荐在东部地区就业，为贫困家庭子女改变命运、实现人生出彩创造机会。截至2019年底，800余所职业院校参与东西协作，不断加大对贫困地区和贫困人口招生倾斜力度，中职招收建档立卡贫困家庭学生达到31.5万人，高等职业院校近5年招收建档立卡贫困家庭学生等7类资助对象234.8万人。

（二）以基本医疗有保障为核心推进健康扶贫

因病致贫、因病返贫这一脱贫路上的“拦路虎”，是习近平总书记反复强调必须解决好的问题。在脱贫攻坚各项工作中，健康扶贫工作情况最特殊，形势最复杂，任务最艰巨。党中央、国务院将健康扶贫作为脱贫攻坚的重中之重，作出一系列决策部署，提出明确要求。地方各级党委政府将健康扶贫纳入重要议事日程，把防止因病致贫返贫作为主攻方向，全力推动健康扶贫取得重要进展。经过集中攻坚，贫困群众大部分疾病能在县域内得到及时救治，670多万因病致贫返贫户摆脱了贫困。

实现基本医疗保障全覆盖。农村贫困人口全部纳入城乡居民基本医保、大病保险、医疗救助制度，确保实现贫困人口看病有地方、有医生、有医保制度保障。职工基本医疗保险和城乡居民医疗保险稳定发展，基本医保公平普惠覆盖城乡参保居民，参保率稳定在95%左右。城乡统一的居民医疗保险制度全面推进，各地均已出台文件，全面推进制度整合。城乡居民大病保险制度全面建立，覆盖人数超过11亿，医疗救助制度实现城乡统筹，重特大疾病医疗救助全面实施，2018年实施救助人次超过1.2亿。全民医保基本实现参保缴费有资助、待遇支付有倾斜、基本保障有边界、管理服务更高效、就医结算更便捷。基本医保、大病保险、医疗救助三重保障机制联动发力，贫困人口、大病患者医疗费用负担明显减轻。支持引导社会组织积极开展先天性心脏病、白血病及其他重特大疾病慈善救助项目，对基本医疗保险、大病保险和医疗救助形成有益补充。

精准提高医疗保障水平。印发实施《关于实施健康扶贫实施工程的指导意见》《健康扶贫工程“三个一批”行动计划》《健康扶贫三年攻坚行动实施方案》《医疗保障扶贫三年行动实施方案（2018—2020年）》等文件，完善贫困人口医疗保障政策体系，健全完善基本医疗保险、大病保险、医疗救助相结合的兜底保障机制，实行县域内住院“先诊疗、后付费”和“一站式”即时结算，降低贫困患者医疗费用个人自付水平。目前，重特大疾病医疗救助已覆盖农村建档立卡贫困人口、城乡低保对象、特困人员以及低收入老年人、未成年人、重度残疾人、重病患者。

加强贫困地区基层医疗卫生能力建设。推进每个贫困县建好1～2所县级公立医院、每个乡镇建成1所政府办的卫生院、每个行政村建成1个卫生室。“十三五”以来，健康扶贫工程累计支持1 390个县级医院项目，凡是符合条件的未达标贫困县申请县级医院建设补助资金，全都优先纳入了全民健康保障工程支持范围，并在补助比例上予以倾斜，重点支持改造和完善基础设施、配备基本设备，保障正常运转。常住人口超过10万人的贫困县有1所县医院达到二级医院医疗服务能力。

完善医院对口帮扶机制。国家通过政策支持和资金扶持，推进三级医院对口帮扶和远程医疗全面覆盖所有832个贫困县，鼓励三级医院选派管理和技术人员到贫困县工作。通过合作发展、技术帮扶、人才培养等手段，强化县级医院对乡镇卫生院的带动作用，提高卫生院诊疗能力，保证每个乡镇卫生院、每个村卫生室至少有1名合格的医生。持续实施全科医生特岗、农村订单定向医学生免费培养等项目，为贫困地区乡镇卫生院补充全科医生1.4万人。

促进贫困地区卫生工作向预防关口前移。对25种大病患者提供规范化治疗，家庭医生签约服务覆盖高血压、糖尿病等慢病患者，1 394万人得到基本救治和管理服务，覆盖98.7%的贫困患者。进一步加大贫困地区包虫病、结核病、艾滋病等重点传染病、地方病综合防控力度，努力从源头上遏制因病致贫、因病返贫。

三、坚决打好新冠肺炎疫情防控阻击战

2020年突如其来的新冠肺炎疫情，是新中国成立以来在我国发生的传播速度最快、感染范围最广、防控难度最大的一次重大突发公共卫生事件。以习近平同志为核心的党中央始终坚持把人民群众生命安全和身体健康放在第一位，始终坚持人民至上、生命至上，统筹当前与长远、国内与国外、疫情防控与经济社会发展，采取最严格、最全面、最彻底的防控举措，在较短时间内有效控制疫情，我国疫情防控阻击战取得重大战略成果。

（一）坚持把人民群众生命安全和身体健康放在第一位

习近平总书记指出，重大疫情面前，我们一开始就鲜明提出把人民生命安全和身体健康放在第一位。在全国范围调集最优秀的医生、最先进的设备、最急需的资源，全力以赴投入疫病救治，救治费用全部由国家承担。人民至上、生命至上，保护人民生命安全和身体健康可以不惜一切代价[1]。

提高患者特别是重症患者救治水平，仅武汉确诊的2 500多名80岁以上高龄患者中，救治成功率接近70%，年纪最长者达

[1] 在参加十三届全国人大三次会议内蒙古代表团审议时的讲话（2020年5月22日），《人民日报》2020年5月23日。

108岁。用好人工心肺机（ECMO）这一重症患者的“救命神器”，最大限度满足湖北重症患者需求，通过紧急采购和国内征调，湖北一省就集中了100多台，约占全国的1/4、全球的1/10。加强患者医疗救治费用保障，及时调整医保政策，对确诊和疑似患者实行“先救治，后结算”，对新冠肺炎患者（包括确诊和疑似患者）发生的医疗费用，先由基本医保、大病保险、医疗救助等按规定支付，个人负担部分通过财政兜底保障，实现了患者免费救治，解决了群众就医的后顾之忧。截至2020年5月31日，全国确诊住院患者结算人数5.8万人次，总医疗费用13.5亿元，确诊患者人均医疗费用约2.3万元。其中，重症患者人均治疗费用超过15万元，一些危重症患者治疗费用数十万元甚至上百万元，全部由国家承担。

发挥新型举国体制的优势，坚持全国一盘棋，统筹各方面资源，集中力量办大事。以“创纪录短的时间”确定了病原体，为打赢疫情防控阻击战赢得先机。组织29个省（区、市）和新疆生产建设兵团、军队等调派340多支医疗队、42 600多名医护人员和36支疾控队、965名疾控人员驰援，以“中国速度”在武汉建设火神山、雷神山医院。改扩建一批定点医院，改造一批综合医院，使重症床位从1 000张左右迅速增加至9 100多张，解决了重症患者大规模收治难题。调配全国应急医疗资源支援湖北，各类医疗物资和生活必需品从四面八方汇集。

》专栏 3-4

用“中国速度”建设火神山、雷神山医院

新冠肺炎疫情突发，迅速蔓延，武汉市决定参照北京小汤山医院，新建火神山、雷神山医院。关键时刻，党和政府坚持人民至上、生命至上，央地政府部门紧密协作。国家发展改革委紧急下达中央预算内投资，武汉市以最快速度做好建设方案，立即启动医院建设。广大建设者日夜鏖战，与病毒竞速，创造了10天时间建成并投入使用两座传染病医院的“中国速度”。火神山、雷神山医院总建筑面积超过10万平方米，运行两个月内共收治患者5 000名，创造了震撼世界的“中国奇迹”。

在疫情防控中，广大医护人员在医疗救治主战场上发挥了主力军作用。全国各地支援湖北医疗队员与当地医护人员不惧风险、勇挑重担、日夜奋战，在确保感染源的及时发现、防与治方面发挥了不可替代作用，成为护佑人民健康的中坚力量、逆行勇士。习近平总书记称赞他们是最大功臣、“新时代最可爱的人”。

（二）不断完善科学防治、精准施策的疫情防控救治体系

新冠肺炎疫情是对我国公共卫生体系的一次大考。在全国上下

抗击疫情过程中，党中央坚持整体谋划、系统重塑、全面提升公共卫生体系，织牢织密防护网，筑牢筑实隔离墙。

加强关口前移、源头把控，提高疫情检测能力。对确诊、疑似、发热、密接“四类人员”进行分类集中，网格管理，全面摸排，不留死角和空白。实行“拉网排查”，实现日清日结，做到了存量病例清零，新增病例日清日结，争取了抗疫斗争的主动权。

》专栏 3-5

全力做好口罩保供　打赢疫情防控阻击战

打疫情防控阻击战，实际上也是打后勤保障战。国家发展改革委坚决贯彻落实习近平总书记重要指示批示精神，迅速建立口罩保供工作机制，坚持每日一碰头、每日一调度，我国口罩产能产量快速增加。2020年2月1日—4月11日，我国口罩日产能、日产量分别由2 120万只、970万只大幅增长到5.46亿只、4.49亿只，分别增长了24.75倍、45.29倍，有效满足了医护人员、国内疫情防控和复工复产复业的口罩需求。

对口罩实行国家统一调度。重点保障湖北等重点地区口罩需求，成立分省保供小组，对备货调出、在途运输、收货入库形成全程管控，确保每一批调配任务尽快送达。

支持口罩企业扩能增产。实施医用口罩扩能专项，对符合条件口罩企业的设备投资予以补助。将口罩纳入政府兜底收储产品目录，支持符合条件的企业取得生产资质迅速转产。

层层压实地方保供责任。提出了“中央调配、省负总责，压实责任、分级落实”原则，进一步压实地方重点保供、安全保供、精准保供、高效保供、长效保供责任。

建立供需对接保供机制。为解决各地复工复产复学口罩供需区域间不平衡的矛盾，先后印发了《关于建立非N95口罩供需协作机制的通知》《关于压实地方责任做好开学复课后师生口罩供应工作的通知》，推动日产量较少省份与产量较多省份之间建立供需协作机制。

引导科学合理使用口罩。印发《社会公众使用口罩简易问答指南》，制作《佩戴口罩按需使用节约资源》等多个高质量主题公益广告，请钟南山等专家演示科学使用口罩，提高口罩使用效率，避免过度防护，减少浪费。

坚持平战结合、多措并举，快速扩容设施资源。针对武汉疫情集中高发、医疗服务资源面临“挤兑”风险危急形势，迅速启动战时响应机制。定点医院改造扩容从35家增加到86家。火神山、雷神山医院建设快速推进。征调借用500余个社会宾馆、培训中心和疗养机构改造为隔离点，安置密切接触者和疑似患者。新建一批方舱医院，开放床位1.4万张。建立定点医院、方舱医院、隔离点梯次布局的应急防治网络，扩容床位近11万张。

强化医疗救治，千方百计提高治愈率、降低病亡率。坚持集中患者、集中专家、集中资源、集中救治，提高患者特别是重症患者救治水平，集中优势医疗资源和技术力量救治患者。将重症患者集中到重症定点医院，采取国家医疗队整建制接管、“以院包科”、“以省包科”、“以省包市”等模式，强化重症救治。国家7次制修订诊疗方案，3次制修订重症患者诊疗方案，2次制修订新冠肺炎康复者恢复期血浆临床治疗方案，有力提升了医疗救治的规范化水平。

加强社会动员，创新群防群控、联防联控工作机制。各地紧紧依靠群众，创新社会动员和基层治理模式，推动公共卫生与基层治理融合，形成了全社会广泛深度参与疫情防控的强大合力，为打赢疫情防控的人民战争、总体战、阻击战发挥了不可替代的重要作用。

四、社会服务兜底能力有效提升

聚焦特殊困难群体，加强社会服务兜底能力建设，是保障和改善民生的题中之义，是贯彻落实全面建成小康社会任务要求的具体体现，对于维护社会公平正义具有重要意义。习近平总书记十分关心提升社会服务兜底保障能力，要求聚焦脱贫攻坚、聚焦特殊群体、聚焦群众关切。“十三五”以来，紧紧围绕全面建成小康社会目标任务，兜底线、补短板、强弱项，切实解决人民群众特别是特殊困难群体最关心最直接最现实的利益问题，分级分类的社会服务兜底体系逐步形成。

（一）坚持应收尽收，全面落实特困人员救助供养措施

对特殊困难群体的关照程度，体现着国家的民生温度、治理精度。党的十九大对特殊困难群众基本生活保障做出了新部署。国务院出台《关于进一步健全特困人员救助供养制度的意见》，指导各地将符合条件的特困人员及时纳入救助供养范围，实现应救尽救、应养尽养。“十三五”期间，中央预算内投资安排约150亿元，支持主要面向失能、半失能老年人的老年养护院、特困人员供养服务设施（敬老院）等建设，提升为特困人员服务的能力和水平。逐步建立针对经济困难高龄、失能老年人的补贴制度，基本实现老年人高龄津贴、服务补贴和护理补贴制度全国覆盖。截至2018年9月，享受高龄津贴、服务补贴和护理补贴的老年人分别达到2 680万、354万和61万人。

（二）坚持应救尽救，全面落实特殊群体救助福利政策

救助保障特殊困难群体基本生活，是编密织牢民生安全网的重要举措，是坚持共享发展、保障和改善民生的应有之义。修订实施近20年的《城市生活无着的流浪乞讨人员救助管理办法》，建立事实无人抚养儿童保障制度，强化对事实无人抚养儿童的基本保障。2015—2019年，城市和农村最低生活保障人数分别从1 701.1万和4 903.6万减至860.5万和3 456.1万，城乡低保平均标准分别从每人每月451.1元、每人每年3 177.6元，增加到每人每月624元、每人每年5 335.5元，分别增长了38.3%和67.9%。全国共有儿童福利和救助保护服务机构663个，床位9.7万张。累计支出临时救助资金88亿元，价格临时补贴惠及2.36亿人次。全国累计救助流浪乞讨人员860万人次，帮助6万余名无法查明身份信息的滞留人员及时返家。

（三）坚持应补尽补，全面落实残疾人生活护理支持政策

全面建成小康社会，残疾人一个也不能少，对残疾人要格外关心、格外关注。“十三五”期间，国务院相继印发《“十三五”加快残疾人小康进程规划纲要》《国家残疾预防行动计划（2016—2020年）》等重要规划和政策文件，在国家层面建立起困难残疾人生活补贴和重度残疾人护理补贴制度，残疾人两项补贴发放实现县（市、区、旗）全覆盖。截至2019年12月，困难残疾人生活补贴

人数和重度残疾人护理补贴发放人数分别达到1 085.6万、1 368.4万。超过900万城乡困难残疾人享受最低生活保障，90万残疾人纳入城乡特困人员救助供养范围。“十三五”期间，中央预算内投资安排约56亿元，支持残疾人康复、托养及综合服务设施建设。截至2019年底，全国共有各类残疾人服务设施4 234个，其中综合服务设施2 341个，康复设施1 006个，托养服务设施887个。

（四）坚持应帮尽帮，全面落实留守儿童等群体关爱政策

习近平总书记指出，要关心留守儿童、留守妇女、留守老年人，完善工作机制和措施，加强管理和服务，让他们都能感受到社会主义大家庭的温暖[1]。加强农村留守儿童、妇女和老人关爱保护工作，是维系家庭幸福与社会和谐的重要一环。“十三五”期间，相继印发《关于加强农村留守儿童关爱保护工作的意见》《关于加强困境儿童保障工作的意见》《关于加强农村留守老年人关爱服务工作的意见》《关于加强农村留守妇女关爱服务工作的意见》等政策文件，建立农村留守儿童关爱保护和困境儿童保障工作联席会议制度，提升关爱服务能力，健全关爱服务体制机制，指导各地向有困难、有需求的农村留守儿童、老人和妇女提供相应关爱服务。

[1] 在贵州调研时的讲话（2015年6月16–18日），《人民日报》2015年6月19日。

»专栏 3-6

贵州省积极构建农村留守儿童关爱保护工作体系

贵州省认真贯彻落实党中央、国务院关于农村留守儿童关爱保护的决策部署，构建家庭、政府、社会履职尽责，社会力量积极参与的农村留守儿童关爱保护工作体系，先后出台27项配套政策，保障农村留守儿童权益。依托贵州省大数据监测管理平台，实时动态掌握农村留守儿童及其家庭情况，聚焦低龄、女性、残疾（重病）、家庭贫困、监护薄弱等重点农村留守儿童，加大跟踪走访频次。通过精准落实关爱救助帮扶措施，全省农村留守儿童总量从2015年的109.6万人减少到51万人，妥善解决2.5万名农村留守儿童监护缺失问题。深入开展“四在学校·幸福校园”活动，建成农村寄宿制中小学3 000余所，学生食堂1.5万个，明显改善义务教育阶段农村留守儿童在校期间的吃、住、学、乐条件。帮助6 531名失学辍学农村留守儿童返校复学。全力推进儿童关爱保护阵地建设，累计投入6.4亿元，新建未成年人保护中心5个。各级工会组织、团委、妇联等群团部门积极参与关爱农村留守儿童保护工作，建设“儿童快乐家园”15所，援建希望童园316所，1.3万名农村学龄前儿童得以免学费入园。

（五）坚持应保尽保，及时启动临时救助发挥“救急难”作用

越是发生疫情，越要注意做好保障和改善民生工作，减轻困难群众就诊就医后顾之忧，强化对困难群众的兜底保障。武汉市为12.9万低保对象、特困人员增发生活补助1.2亿元，及时新纳入低保对象、特困人员。强化临时救助“兜底中的兜底”作用，对低保对象、特困人员、低收入家庭、建档立卡贫困户中确诊感染新冠肺炎的，根据困难程度发放临时救助金。落实社会救助和保障标准与物价上涨挂钩联动机制，新冠肺炎疫情期间，将孤儿、事实无人抚养儿童、领取失业补助金人员扩充纳入保障范围，并将价格临时补贴金额提高一倍。湖北向约19万困难群众发放了爱心生活物资补贴，缓解了物价上涨对困难群众基本生活的影响。

第二节

重点领域改革取得积极进展

习近平总书记指出，把以人民为中心的发展思想体现在经济社会发展各个环节，做到老百姓关心什么、期盼什么，改革就要抓住什么、推进什么，通过改革给人民群众带来更多获得感[1]。“十三五”以来，以习近平同志为核心的党中央坚持将促进社会公平正义、增进人民福祉作为全面深化改革的出发点和落脚点，不断将教育、医药卫生、文化、社会服务等重点领域改革推向纵深。

[1]《习近平谈治国理政》第二卷，外文出版社2017年版，第103页。

一、教育综合改革持续纵深推进

教育牵动着亿万家庭对美好生活的期盼。党的十八大以来，随着教育改革进入“深水区”，党中央、国务院加强顶层设计，加快推进考试招生制度改革、培养模式创新、办学体制和教育管理改革，构建起现代教育体系的基本框架。

（一）精准用好考试招生制度改革这根“指挥棒”

有什么样的评价指挥棒，就有什么样的办学导向。深化考试招生制度改革，总的目标是形成分类考试、综合评价、多元录取的考试招生模式，健全促进公平、科学选才、监督有力的体制机制，构建衔接沟通各级各类教育、认可多种学习成果的终身学习“立交桥”。2014年，国务院印发《关于深化考试招生制度改革的实施意见》，明确考试招生制度改革的总体方向和实施路径，破除“一考定终身”。当年，上海、浙江即率先实行新高考。2017年，北京、天津、山东、海南启动高考改革。2019年，河北、辽宁、江苏、福建、湖北、湖南、广东、重庆等第3批试点省（市）发布高考改革实施方案，已基本形成学生选考、高校选科和国家选才的新模式。高考改革，逐步建立起以素质教育为导向的科学评价体系，倒逼基础教育加快改革步伐。

>> 专栏 3-7

开启“定向招生”，拓宽寒门学子升学渠道

改进招生计划分配方式，畅通贫困地区学生纵向流动通道。实施支援中西部地区招生协作计划、农村和贫困地区定向招生专项计划，促进区域、城乡间高校入学机会公平。2015年以来，新增招生计划主要投向中西部地区和人口大省，共安排近百万人，建立保障农村和贫困地区学生上重点高校长效机制，年度招生名额从1万人增至10万余人，累计录取学生57万余人。

（二）紧紧扭住人才培养模式创新这个“牛鼻子”

党的十八大以来，随着一批标志性、引领性改革举措的颁布和实施，我国教育发展走上了快车道。2018年，党中央召开全国教育大会，其后持续推出学前教育、义务教育、普通高中教育重大改革举措，我国基础教育迈入全面提高育人质量的新阶段。

立德树人是教育的根本任务。2019年，中共中央、国务院印发《关于深化教育教学改革全面提高义务教育质量的意见》，坚持德智体美劳“五育”并举，着力解决素质教育落实不到位问题。在突出德育实效、提升智育水平、强化体育锻炼、增强美育熏陶、加强劳动教育等方面提出了针对性举措，构建德智体美劳全面发展教育体系。2020年，中共中央、国务院发布《关于全面加强新时代大中小学劳动教育的意见》，在大中小学设立劳动教育必修课程，提高劳动教育专业化水平。国家首次出台《全国大中小学教材建设规划（2019—2022年）》，明确落实教材建设国家事权。

>> 专栏 3-8

各地结合实际开展劳动教育

劳动教育是国民教育体系的重要内容，是学生成长的必要途径，具有树德、增智、强体、育美的综合育人价值。针对近年来一些青少年中出现的不珍惜劳动成果、不想劳动、不会劳动的现象，劳动教育淡化弱化的现象，各地多渠道拓展劳动教育基地，广泛开展劳动教育实践活动。

黑龙江结合地域特色，将大冰雪、大森林、大湿地、大油田、大粮仓作为开展劳动教育的基地，将劳动教育与红色基因传承、绿色生态文明、蓝色高新科技、金色现代农业、银色冰雪文化“五色教育”相融合，做到“校校有教室，县县有基地”，形成大中小学幼各学段层次衔接、内容循序渐进的劳动教育课程体系，推动学生普遍开展手工制作、营养烹饪、种植养殖、清洁整理、家居维修等劳动实践。

云南积极推进中小学生勤工俭学活动，并将劳动素养纳入学生综合素质评价体系。2019年，全省4 913个勤工俭学基地接纳368万人次的中小学生参加劳动教育和劳动技能训练。在农村寄宿制学校广泛开展以生猪养殖、酸菜腌制、珍稀食用菌栽培等为主要内容的勤工俭学，培养学生的劳动理念、劳动素养和劳动能力，推动劳动教育与助力脱贫攻坚相结合。

浙江以日常生活劳动、生产劳动和服务性劳动为主要内容开展劳动教育。例如，富春小学组织学生在校耕种“开心农场”，在家定制“劳动清单”，从耕地除草、垃圾分类到扫地洗碗，将适合年龄特征的劳动事项落地到课程与家庭生活。

（三）不断激活办学体制和管理改革这个“动力源”

深化办学体制和教育管理改革，才能充分激发教育事业发展生机活力。“十三五”以来，国家持续深化教育领域“放管服”改革，尽可能把资源配置、经费使用、考评管理归至学校，尊重学校的办学主体地位。深化教育督导体制机制改革，做好督政、督学、评估监测，围绕确保教育优先发展、落实立德树人根本任务，不断提高教育督导质量和水平，推动各类主体切实履行教育职责。深入推进民办教育改革，明确民办教育事业属于公益性事业，非营利性民办学校的举办者不得取得办学收益，学校的办学结余全部用于办学，不得设立实施义务教育的营利性民办学校。深化产教融合改革，将企业作为重要主体纳入国家国民教育和人力资源开发体系，推动教育链、人才链与产业链、创新链有机衔接。

» 专栏 3-9

产教融合改革蹄疾步稳

2019年，习近平总书记主持召开中央全面深化改革委员会会议，审议通过了《国家产教融合建设试点实施方案》，以城市为节点、行业为支点、企业为重点，开展国家产教融合建设试点。

通过5年左右的努力，试点布局建设50个左右产教融合型城市，打造形成一批区域特色鲜明的产教融合型行业，在全国建设培育1万家以上的产教融合型企业，建立产教融合型企业制度和组合式激励政策体系。深化产教融合已成为我国职业教育、高等教育主动适应经济社会发展要求的关键改革。

二、医药卫生体制改革取得突破

党的十八大以来，党中央、国务院坚持把基本医疗卫生制度作为公共产品向全民提供，坚持保基本、强基层、建机制，统筹安排、突出重点、循序推进，推动医改政策措施落地见效，看病难、看病贵问题总体得到有效缓解。

（一）强基层建机制，建立合理有序的分级诊疗制度

党的十八届三中全会明确将分级诊疗制度建设列入国家重大改革举措。2015年以来，国务院办公厅先后印发《关于推进分级诊疗制度建设的指导意见》《关于推进医疗联合体建设和发展的指导意见》，推动形成基层首诊、双向转诊、急慢分治、上下联动的分级诊疗模式，分级诊疗工作由点及面全面推开。全国超过98%的县（市、区）开展了分级诊疗试点工作，组建各类医联体超过1.3万个，84%的县级医院达到二级及以上医院水平。

（二）破旧制立新规，建立科学有效的现代医院管理制度

公立医院是我国医疗服务体系的主体，是向人民群众提供基本医疗服务的主导力量。公立医院改革是深化医改的“重头戏”，关系整个医改的成效，涉及面广、难度大，人民关心、社会关注。新一轮医改以来，深化公立医院综合改革取得了阶段性的成效。2017

年实现全国所有公立医院取消药品加成政策，深化医疗服务价格改革，逐步建立维护公益性、调动积极性、保障可持续的运行新机制。2018年底，启动建立健全现代医院管理制度试点，绝大多数省份实行按病种收费、医疗服务价格改革。

（三）广覆盖提水平，建立高效运行的全民医保制度

国务院印发《关于整合城乡居民基本医疗保险制度的意见》，整合城镇居民基本医疗保险和新型农村合作医疗两项制度，建立统一的城乡居民基本医疗保险制度。国家全面建立大病保险制度，覆盖超过11亿城乡居民。“十三五”期间，基本医保参保率始终保持在95%以上。城乡居民基本医保制度基本整合，2018年人均财政补助标准提高到490元，政策范围内门诊和住院费用报销比例分别稳定在50%和70%左右。2018年，大病专项救治病种范围扩大至21种，1 212.7万人得到分类救治，覆盖95.3%的大病和慢性病患者，贫困县基本实现先诊疗后付费和“一站式”结算。跨省异地就医费用实现直接结算，我国个人卫生支出占卫生总费用比重下降至28.7%。

（四）降价格提质量，推进规范有序的药品供应保障制度

药品供应保障制度体系不断健全。完善国家基本药物制度，发布《国家基本药物目录（2018年版）》，将基本药物数量由原来的520种增加到685种。深化药品生产、流通、使用全流程改革，提高药品质量疗效，促进医药产业结构调整，整顿药品流通秩序。推

进仿制药质量和疗效一致性评价，促进仿制药替代使用。实行进口药品零关税，通过价格谈判，大幅降低抗癌药等药品价格。

专栏 3-10

国家组织药品集中采购和使用试点

2018年，在“4+7”城市（北京、上海、天津、重庆、沈阳、大连、厦门、广州、深圳、成都、西安）开展国家组织药品集中采购和使用试点。这次试点以招采合一、量价挂钩的方式，解决以往药品采购中存在“带金销售”问题。通过改革，实现了“多效合一”。一是仿制药质量得到更好保障，所有进入招标采购的药品都要通过国家药品疗效和质量一致性评价，群众用药更加放心。二是药品价格明显下降，量价挂钩的采购方式促使中标企业“以量换价”，25个中选药品价格平均降幅52%，最大降幅超过90%。三是老百姓得到更加规范的处方用药服务，药品价格回归正常范围。

其后，国家又开展了“4+7”扩面，在其他非试点省份推行药品集中采购和使用，相关药品价格明显下降，患者药费负担明显减轻，群众用药质量水平明显提高。

（五）转方式强治理，建立严格规范的综合监管制度

中央和地方先后出台国家卫生行业综合监管制度建设的文件，全面加强医疗卫生全行业监管、医疗费用管控，医疗卫生综合监管顶层设计逐步健全。一个“部门联动、监督执法”与“政府放管服、行业自律、主体自治、社会参与”相结合，信息披露、信用体系与信息化相助力的综合监管长效机制初步建立并日臻完善。

三、文化体制改革有序开展

习近平总书记指出，要推动文化事业全面繁荣、文化产业快速发展，不断丰富人民精神世界、增强人民精神力量，不断增强文化整体实力和竞争力[1]。党的十九大报告明确要求，要深化文化体制改革，完善文化管理体制，加快构建把社会效益放在首位、社会效益和经济效益相统一的体制机制。按照党中央关于全面深化改革的总体部署，我国文化体制改革呈现加速发力、纵深推进的良好态势，取得一批标志性的重大制度创新成果，激发了文化创新创造活力，促进了文化事业和文化产业繁荣，增强了人民群众文化获得感。

（一）改革主体框架基本确立

2014年，习近平总书记主持召开中央全面深化改革领导小组

[1]《习近平谈治国理政》第一卷，外文出版社2014年版，第160页。

会议，审议通过《深化文化体制改革实施方案》，明确了改革路线图、时间表、任务书。颁布实施《中国共产党宣传工作条例》，强化党对意识形态工作的领导和对各类宣传文化阵地的管理。宣传系统机构改革顺利完成，各级党委宣传部门统一管理新闻出版和电影工作，进一步理顺了管理体制，为推动文化改革发展提供了根本保障。文化法规体系更加健全，《网络安全法》《电影产业促进法》《公共文化服务保障法》《公共图书馆法》先后颁布，起草修订《文化产业促进法》、《文物保护法》和《电影管理条例》。

（二）行政管理职能加快转变

文化领域“放管服”改革深入推进，政府文化行政管理职能逐步实现从办文化向管文化转变，规划引导、政策调节、市场监管、社会管理、公共服务等宏观管理进一步加强。文化市场综合执法改革不断深化，积极做好“证照分离”全覆盖试点，持续深入开展“扫黄打非”，常态化开展文化类“山寨社团”打击整治工作，开展打击网络谣言、网络色情、网络侵权盗版行为专项整治行动，营造了健康、规范、有序的文化市场环境，文化市场秩序明显改善。

（三）事业单位改革持续深化

国有文艺院团、博物馆、影视业、电影行业改革深入推进，基本完成国有文化事业单位分类工作。公共文化馆、图书馆、博物馆、美术馆等文化机构法人治理结构更加完善。截至2019年，635

家公共图书馆、文化馆、美术馆完成理事会制度改革。新闻单位、保留事业体制的国有文艺院团以及少数出版社等文化机构的宣传功能和经营功能实现清晰划分。

（四）现代企业制度不断健全

积极推动国有文化企业公司制改革，完成经营性文化事业单位转企改制，鼓励符合条件的文化企业进行股份制改革，稳步开展上市文化公司股权激励试点、员工持股、职业经理人制度试点。加快建立有文化特色的现代企业制度，完善党委领导与法人治理相结合的治理结构。加强国有文化企业经济效益和社会效益相统一的综合考核和薪酬制度设计，制定完善图书出版、演艺、影视、新华书店、互联网新闻信息服务等领域社会效益评价考核办法。

»专栏 3-11

上海市文化体制改革取得突出成效

上海是中国最大的经济大都市，也是一个具有深厚文化积淀和文化创造力的大都市。上海的文化体制一直走在改革的前沿，在管办关系、政企关系、文化单位组织改造、产权结构、技术改造、公益性文化等方面作了积极探索。上海市将政府部门部分职能剥离出来成立文广集团，行使“办文化”的职能，政府主管部门由“办文化”转到“管文化”。鼓励社会力量通过参股、合伙经营乃至控股的方式参与文化建设。快步推进战略性新兴文化产业，使文化与科技、网络结合起来。建设文化产业基地，建立区域特色的文化产业群。基本建成惠及百姓的三级公共文化服务设施网络。

（五）生产传播机制有效完善

持续深入实施舞台艺术、美术、电影、电视剧、出版、动漫等一系列重大工程项目，开展“五个一工程”奖、文华奖等评选，完善文化创作生产扶持引导机制，倡导讲品位讲格调讲责任、抵制低俗庸俗媚俗的文艺创作要求，涌现出一批讴歌党、讴歌祖国、讴歌人民、讴歌英雄的精品力作。新时代文明实践中心、县级融媒体中心和学习强国平台建设成果显著，截至2019年底“学习强国”平台已吸引用户达1.44亿、日活跃率达30%～60%，引发社会各界强烈反响和高度评价。传统媒体和新兴媒体融合发展有序推进，全媒体传播体系正逐步形成，新型主流媒体的传播力引导力影响力公信力明显增强。

>>专栏 3-12

电影行业发展亮点纷呈

"十三五"期间，我国电影行业发展迅速。票房收入、观影人次、银幕数量快速增长，2015年，全国电影总票房440亿元，国产影片票房271亿元，城市影院观众人次12.6亿，全国银幕总数3.2万块。2019年全国电影总票房642亿元，国产电影总票房411亿元，城市院线观影人次17.3亿，全国银幕总数约7万块，与2015年相比有较大幅度增长。

影视作品亮点纷呈，《我和我的祖国》《战狼II》《红海行动》《湄公河行动》《攀登者》《中国机长》《烈火英雄》等一系列弘扬爱国主义和正能量的主旋律电影实现市场和口碑双赢，《流浪地球》《我不是药神》《哪吒之魔童降世》等各类题材电影"百花齐放"，为中国电影发展注入新的活力。

四、社会公共服务改革多点发力

社会领域涉及面广、群体众多、面向基层。深化社会领域改革，必须坚持基层优先、重心下移，让广大群众从改革中分享成果、得到实惠。党的十八大以来，我国养老服务、社会救助、社区服务等面向城乡居民的重点领域改革有序推进、多点发力，持续落地见效。

（一）养老服务改革扎实推进

全面放宽养老服务市场准入，取消养老机构设立许可，降低社会力量举办养老机构门槛，鼓励境外资本投资养老服务业，着力营造平等参与、公平竞争的市场环境。居家社区养老服务改革不断深化，“十三五”期间，中央财政安排专项彩票公益金50亿元支持部分地区开展居家和社区养老服务改革试点，全国共有203个城市纳入试点范围，超过1 990万老年人直接受益，950多万经济困难家庭的高龄、失能、空巢（留守），以及计划生育特殊家庭老年人基本养老服务需求得到保障。以公建民营为重点的公办养老机构改革加快推进，2013年以来，共有242家养老机构开展试点，创新运营机制，增强服务功能，提高管理服务水平，着力解决机构职能定位不明确、发展活力不足等问题，探索形式多样、特色鲜明的公建民营模式，确保国有资产不流失、养老用途不改变、服务水平不降低，推动形成平等参与、公平竞争、统一开放的养老服务市场。改革民间非营利性机构管理，在民政部门登记的非营利性养老机构，可以依法在登记管理机关管辖范围内设立多个不具备法人资格的服务点。对营利性机构提供政策支持，中央预算内投资、地方财政支持的养老床位建设补贴和运行补贴陆续向营利性养老机构开放。城企联动专项行推动了企业积极参与养老服务供给。

（二）社会救助综合改革成效显著

“十三五”期间，按照保基本、兜底线、可持续、救急难、可持续的总体思路，启动社会救助综合改革试点。以统筹救助资源增强兜底功能、提升服务能力为重点，社会救助法规制度不断完善，体制机制不断健全，规范化标准化水平明显提高。未脱贫建档立卡重残、重病人员按照单人户单独纳入低保范围，建立事实无人抚养儿童保障制度，进一步健全特困人员救助供养制度，完善临时救助制度，推动地方建立经济困难的高龄失能等老年人补贴制度，规范了城市生活无着的流浪乞讨人员救助管理、残疾人服务和儿童福利等机构管理。全国所有县（市、区、旗）的农村低保标准都已达到或超过国家扶贫标准。截至2019年底，儿童福利机构集中养育儿童基本生活费标准达到每人每月1 470元，社会散居孤儿基本生活费标准达到每人每月1 050元。

（三）社区综合服务体系不断健全

2017年，中共中央、国务院印发《关于加强和完善城乡社区治理的意见》，明确提出加快城乡社区公共服务体系建设。“十三五”以来，社区公共服务机构管理体制改革不断深化，城乡社区公共服务项目更加齐全、标准更为统一、更加便捷高效。不断提高社区综合服务设施覆盖率。全国社区服务机构和设施从2015年的36.1万个增加到2018年的42.7万个，增长18.3%；社区服务中心（站）从2015年的15.2万个增加到2018年的17.7万个，增长16.4%。截至2018年，城市社区综合服务设施覆盖率78.7%，农村社区综合服务设施覆盖率45.3%。创新城乡社区公共服务供给方式，推行首问负责、一窗受理、全程代办、服务承诺等制度。探索建立社区公共空间综合利用机制，合理规划建设文化、体育、商业、物流等自助服务设施。积极开展以生产互助、养老互助、救济互助等为主要形式的农村社区互助活动。积极支持社区服务类社会服务机构承接社区公共服务项目、发展专业社会工作服务和社区志愿服务。社区志愿者制度更加健全，截至2018年底，社区志愿服务组织（团体）12.9万个，社区志愿者注册登记制度基本形成。智慧社区、数字社区建设稳步推进，促进了社区公共服务、志愿服务、便民利民服务等社区服务信息资源集成。

>> 专栏 3-13

浙江省推进未来社区建设试点

2019年，浙江省启动未来社区建设试点。未来社区以满足人民美好生活向往为中心，突出“人本化、生态化、数字化”三维价值，构建以未来邻里、教育、健康、创业、建筑、交通、低碳、服务、治理等九大场景创新为重点的集成系统，努力建设社区公共服务配套完善、生活便捷的百姓温馨家园。

以教育、健康等民生领域为例，该省未来社区将推进3岁以下托育全覆盖和幼小提升扩容，打造“名师名校在身边”青少年教育平台，搭建共享学习机制，构建终身学习未来教育场景。同时促进基本健康服务和居家养老助残服务全覆盖，构建“名医名院”零距离服务机制，构建“全民康养”未来健康场景。

第三节

社会公共服务供给能力水平全面提升

增进人民福祉、促进人的全面发展是中国共产党立党为公、执政为民的本质要求。“十三五”以来，以习近平同志为核心的党中央紧紧抓住人民最关心最直接最现实的利益问题，坚持把人民群众关心的事当作自己的大事，从人民群众关心的事情做起，千方百计扩大社会供给服务供给，在幼有所育、学有所教、劳有所得、病有所医、老有所养、住有所居、弱有所扶上不断取得新进展。

一、教育现代化取得重要进展

教育现代化既是国家现代化的组成部分，更是国家现代化的基础支撑。党的十八大以来，以习近平同志为核心的党中央坚持优先发展教育，持续加大教育投入，教育现代化取得重要进展，我国教育总体发展水平进入世界中上等行列，取得了全方位、历史性成就。“十三五”时期各级各类教育加快发展，教育普及程度和质量不断提升，人民群众受教育权利得到充分保障。

（一）学前教育更加普及普惠

学前教育是终身学习的开端，是国民教育体系的重要组成部分，是重要的社会公益事业。2018年，中共中央、国务院印发《关于学前教育深化改革规范发展的若干意见》，针对“入园难”“入园贵”等困扰老百姓的烦心事开出“药方”。截至2019年，全国共有公办园10万所，公办园在园幼儿2 016.6万人，普惠性民办园8.2万所，占民办园总数的49.5%，普惠性民办园在园幼儿1 386万人，占民办园在园幼儿总数的52.5%。全国普惠性幼儿园覆盖率为73.1%，比2016年增长了5.8个百分点。2019年，中央财政进一步加大投入，将学前教育专项资金从之前的每年约150亿元提高到168.5亿元。国家实施优质普惠性学前教育资源扩容工程，重点支持农村地区、“三区三州”等贫困地区、新增人口较多地区普惠性幼儿园建设。学前教育成本分担机制日益完善，各省（区、市）均出台了公办园生均公用经费标准或生均财政拨款标准，健全普惠性民办园扶持政策，21个省（区、市）明确了普惠性民办园的补助标准。2016—2019年，学前教育三年毛入园率由77.4%增长到83.4%。

（二）义务教育更加均衡发展

义务教育是教育工作的重中之重。2016年，习近平总书记主持召开中央全面深化改革领导小组会议，审议通过《关于统筹推进县域内城乡义务教育一体化改革发展的若干意见》，将城乡义务教育一体化发展作为促进教育公平的重要举措。全国每年约1.54亿学生免除学杂费并获得免费教科书，约2 500万家庭经济困难学生获得生活补助，约1 400万进城务工农民工随迁子女实现生均公用经费基准定额和“两免一补”经费可携带，营养改善计划惠及约3 200万贫困地区学生。2017年，全国全面实现对城乡义务教育学生免除学杂费、免费提供教科书。实施教育现代化推进工程，中央预算内投资安排500余亿元支持城乡义务教育学校建设，农村学校面貌得到明显改善。在中西部许多农村地区，“最好的建筑在学校”得到群众的公认。全国义务教育阶段66人以上超大班额基本消除。2016—2019年，九年义务教育巩固率由93.4%增长到94.8%。

（三）高中阶段教育普及水平不断提高

2017年经国务院同意，教育部等四部门出台《高中阶段教育普及攻坚计划（2017—2020年）》，以中西部贫困地区、民族地区、边远地区和革命老区等教育基础薄弱、普及程度较低的地区为攻坚重点，提高高中阶段教育普及程度。建立完善高中阶段学生资助体系，从2016年秋季学期起，免除普通高中建档立卡等家庭经济困难学生学杂费。

高中阶段资助政策的实施，切实减轻了贫困家庭的经济负担，为农村学生和家庭经济困难学生接受高中阶段教育提供了有力的制度保障。2016—2019年，高中阶段毛入学率由87.5%增长到89.5%，高中阶段教育普及水平已超过世界中上收入国家的平均水平。

（四）现代职业教育体系逐步健全完善

2018年，习近平总书记主持召开中央全面深化改革委员会会议，审议通过《国家职业教育改革实施方案》。截至2019年，我国共有职业院校1.15万所，在校生2 857.2万人。从2019年起，国家启动高职院校扩招专项工作，高职院校年扩招100万人。中等和高等职业教育招生和在校生规模分别占我国高中阶段教育和高等教育的“半壁江山”，在加工制造、高速铁路、城市轨道交通、现代物流、电子商务等快速发展的新兴行业中，新增从业人员有70%来自职业院校，成为契合产业升级、发展实体经济的中坚力量。

» 专栏 3-14

深圳职业技术学院创新人才培养模式

深圳职业技术学院推动学校办学与产业布局协调发展，围绕深圳市高新技术、现代物流等支柱产业和国家战略性新兴产业布局63个专业，与华为、ARM、阿里巴巴等企业合作，共建华为信息与网络技术学院、ARM智能硬件学院、阿里巴巴数字贸易学院、平安金融科技学院、比亚迪应用技术学院、裕同数字图文学院、天健建工学院等7所特色产业学院。校企共同制定专业标准、共同开发课程、共建师资团队、共同培养技术技能人才。累计培养全日制专科毕业生11万余名，毕业生初次就业率始终保持在96%以上。2018年，毕业生初次就业平均薪酬达到5 300多元，居全国高职院校最高。

（五）高等教育进入普及化发展阶段

高等教育是国家发展水平和发展潜力的重要标志。“十三五”时期，我国高等教育由大众化发展阶段迈入普及化发展阶段。2019年，全国共有普通高等学校2 663所，各类高等教育在学总规模3 833万人，高等教育毛入学率48.1%。农村和贫困地区学生上重点高校人数明显提升，从本专科到研究生教育的家庭经济困难学生资助政策体系不断健全，人民群众平等接受高等教育的权利得到更好保障。高校区域布局和办学能力结构不断优化。实施中西部高等教育振兴计划，支持中西部高校加强基础能力建设，在尚无教育部直属高校的中西部省份，部省合建支持高水平大学建设。组织东部高校团队式对口支援西部高校，院校设置重点向中西部地区倾斜。“十三五”期间，我国启动实施世界一流大学和一流学科建设，高校承担了国家科技计划中60%的基础研究任务、超过80%的国家自然科学基金资助项目，作为第一完成单位获得超过65%的国家自然科学奖和超过70%的国家技术发明奖，有效服务了国家创新驱动发展战略实施。

二、全民健康保障能力显著提升

习近平总书记指出，没有全民健康，就没有全面小康[1]。“十三五”以来，围绕实施健康中国战略总体部署，我国不断加强医疗卫生服务体系建设投入，加大向基层、公共卫生领域倾斜力度，重点支持健康扶贫、妇幼健康、公共卫生、疑难病症诊治、中医药传承与创新，着力健全完善医疗卫生服务体系，全民健康保障能力显著提升，我国居民主要健康指标总体上优于中高收入国家平均水平，给人民群众带来了实实在在的健康福祉。

（一）公共卫生服务体系不断完善

制定《基本医疗卫生与健康促进法》，贯彻实施《传染病防治法》《突发事件应对法》《突发公共卫生事件应急条例》等一系列法

[1]《习近平谈治国理政》第二卷，外文出版社2017年版，第370页。

律法规。建成全球规模最大的法定传染病疫情和突发公共卫生事件网络直报系统，覆盖全国100%县级以上疾病预防控制机构、98%县级以上医疗机构和94%基层医疗卫生机构。

以专业公共卫生机构为龙头、二三级医疗机构为依托、基层医疗卫生机构和村卫生室为网底的“纵向到底、横向到边”公共卫生体系加快构建。制定实施慢性病综合防控战略，形成预防为主、防治结合、中西医并重的防治工作格局。广泛开展全民健康生活方式行动，覆盖全国超过90%的县区。国家建立慢性病及其危险因素监测网络，将高血压、糖尿病患者管理和老年人健康管理等纳入国家基本公共卫生服务范围免费向公众提供，实施癌症、脑卒中、心血管疾病早诊早治和口腔疾病综合干预项目。

（二）基层医疗服务能力持续提升

“十三五”以来，中央预算内投资安排470亿元支持1 390个县级医院（含中医类医院）建设。针对严重危害人民群众健康的肿瘤、心脑血管、呼吸系统等重点病种，以对点支援、医联体、远程医疗等形式提升重点专科医疗水平，县医院能力得到显著改善。县域医疗服务体系硬件设施、专业设备、服务能力明显改善，县医院开展神经外科、普外科复杂手术种类增加，患者入出院和手术前后诊断符合率均超过90%。

组建县域医疗共同体，实行以县级医院为龙头、中心（乡镇）卫生院为枢纽、村卫生室为基础的县乡一体化管理。医共体内实行人、财、物统一管理，通过推进医保支付方式改革，建立有效激励约束机制，引导县级医院带动基层医疗卫生机构服务能力提高，提升县域整体服务能力，为患者提供预防、治疗、康复一体化的健康管理服务。

›› 专栏 3–15

安徽省探索创新县域医共体建设模式

安徽省以天长市为代表率先推进县域医共体探索，形成有益经验。一是明确县域医共体组织架构和管理机制。各县至少建成1个医共体，实行以县级医院为龙头、中心（乡镇）卫生院为枢纽、村卫生室为基础的县乡一体化管理。二是实行医保基金预算包干机制。医保基金对医共体实行按人头总额预算包干支付方式，超支原则不补、结余全部留用。三是落实医疗机构分工协作机制。县级医院主要负责“100+N”病种以及重症患者收治，对基层提供技术帮扶，对县外实行集中转诊。中心（乡镇）卫生院主要负责“50+N”种常见病住院、急诊转诊、接收下转患者康复。

（三）高水平公立医院长足发展

加快区域医疗中心建设。在北京、上海等医疗资源富集地区遴选若干优质医疗机构，通过建设分中心、分支机构，促进医师多点执业等多种方式，在患者流出多、医疗资源相对薄弱地区建设区域医疗中心。强化疑难病症诊治能力。围绕严重危害群众健康的肿瘤、心脑血管、呼吸系统疾病等重点病种，支持113个专科优势突出、辐射能力强的高水平医院，引导向疑难重症患者救治、医学关键技术攻关转型，提高重大疾病救治能力，带动区域乃至全国临床诊疗技术水平提升。

»专栏 3-16

启动区域医疗中心建设试点

2019年，区域医疗中心建设试点正式启动。全国心血管、肿瘤、神经、儿科、呼吸、创伤、中医等方向的30家高水平输出医院，以及河北、山西、辽宁、安徽、福建、河南、云南、新疆等8个省区入选第一批试点，通过医院、省份的双向选择、自愿合作，初步形成“10+1”试点项目。

通过3～5年试点，在优质医疗资源短缺地区建成一批高水平的临床诊疗中心、高层次的人才培养基地和高水准的科研创新与转化平台，培育一批品牌优势明显、跨区域提供高水平服务的医疗集团，打造一批以高水平医院为依托的“互联网＋医疗健康”协作平台，形成一批以区域医疗中心为核心的专科联盟，使试点地区重点病种治疗水平与京、沪等地差距大幅缩小，跨省、跨区域就医大幅减少，推动分级诊疗制度建设取得突破性进展。

加强危急重症救治。在全国推广胸痛、卒中、创伤救治中心建设，形成区域协同的急诊急救服务网络，2 000余家医疗机构建立了近万个新型的救治中心。发挥国家医学中心、临床医学研究中心及其协同网络作用，以专科协作为纽带，组建区域间专科联盟。

》专栏 3-17

天津探索建立急性胸痛医疗救治网络

天津市探索建设具有本地特色的胸痛中心，优化急性危重症心血管疾病的诊疗流程，加快建立急性胸痛医疗救治体系。目前，全市35家医疗机构参与胸痛中心建设，25家医院通过全国胸痛中心认证，城市居民在5公里之内可以抵达胸痛中心，环城四区及远郊各区至少有1家胸痛中心，密度位居全国第一。24小时内实施早期介入治疗的高危心肌梗死患者比例提升到58.1%，急性心肌梗死患者院内死亡率下降至4%，低于5%国际标准。

（四）重点人群健康得到有效保障

提升妇幼健康服务能力。“十三五”期间，中央预算内投资安排100余亿元支持妇幼保健机构建设，重点建设围产期保健、新生儿疾病筛查、健康教育等业务用房，全面改善妇幼保健服务机构基础设施条件。全国近90%的妇幼保健机构达到建设标准，90%以上的妇幼机构设有专门场地、设施和专业设备提供公共卫生和基本医疗服务。建立危重孕产妇和新生儿救治中心6 400余个，基本实现省地两级全覆盖，94%的县（市、区）建立危重孕产妇救治中心，91%的县（市、区）建立危重新生儿救治中心。地市级儿童医院、综合医院儿科建设不断加强妇幼群体健康明显改善，2009—2018年，孕产妇死亡率从31.9/十万人下降到18.3/十万人，婴儿死亡率从13.8‰下降至6.1‰，5岁以下儿童死亡率从17.2‰下降至8.4‰。

加强老年医疗卫生能力建设。修订制订《护理院基本标准》《综合医院康复医学科基本标准》，规范老年医疗服务机构建设与管理。设立国家老年医学中心，加快建设康复医院、护理院、护理站。

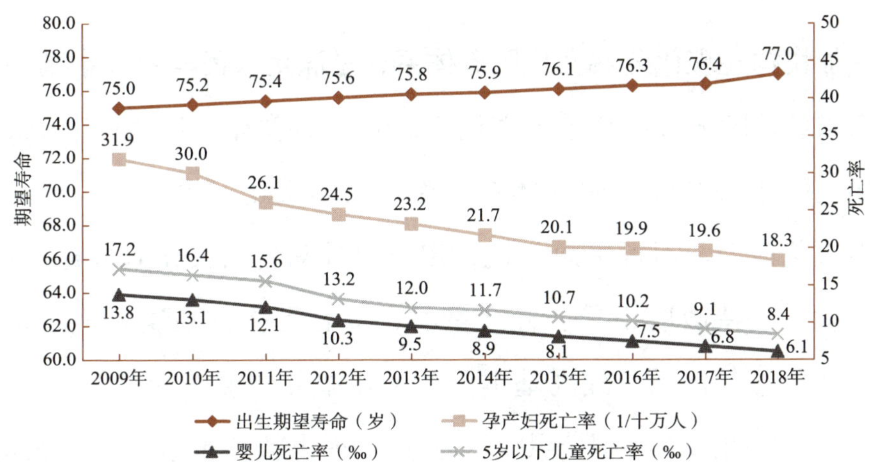

图3-2　2009—2018年我国居民健康主要指标变化情况

（五）中医药传承创新步伐加快

“十三五”期间，中央预算内投资安排285.3亿元，支持近800个中医药项目建设，涵盖县级中医医院建设、中医药传承创新建设等，全国中医类医院硬件设施条件得到有力改善。截至2019年底，中医类医院数量由2009年的3 164所增加到5 232所，增长了65.4%；中医类医院床位数由42.69万张增加到109.2万张，增长了155.8%；卫生机构中医类别执业（助理）医师由27.26万人增加到

62.5万人，增长了129.3%；卫生机构中药师（士）由9.32万人增加到12.7万人，增长了36.3%。

三、公共文化服务体系更加健全

加快构建现代公共文化服务体系，是满足人民群众基本精神文化需求和保障人民群众基本文化权益的重要举措。党的十九大报告提出，完善公共文化服务体系，深入实施文化惠民工程，丰富群众性文化活动。习近平总书记指出，要推动公共文化服务标准化、均等化，坚持政府主导、社会参与、重心下移、共建共享，完善公共文化服务体系，提高基本公共文化服务的覆盖面和适用性[1]。“十三五”期间，我国公共文化服务呈现出整体推进、重点突破、全面提升的良好发展态势，取得了积极成就。

（一）公共文化服务体系加快完善

2015年，中共中央办公厅、国务院办公厅印发《关于加快构建现代公共文化服务体系的意见》，对加快构建现代公共文化服务体系作出了全面部署。2017年，《公共文化服务保障法》正式实施，这是我国文化领域出台的第一部具有综合性、全局性、基础性的法

[1]《习近平谈治国理政》第三卷，外文出版社2020年版，第314页。

律。“十三五”期间，我国公共文化设施总量显著增长，服务能力快速增强。截至2019年，全国群众文化机构（文化馆、综合性文化中心、群众艺术馆、文化站）数量达到4.4万个。其中，乡镇综合文化站3.4万个，占全国群众文化机构总量的76.1%。平均每万人群众文化设施、公共图书馆建筑面积达到322.7平方米、121.4平方米，较2015年分别增长11.5%、26.7%。2019年，全国公共图书馆总流通超9亿人次，较2015年提升43.2%。全国群众文化机构共组织开展各类文化活动245.1万场次，服务7.9亿人次，分别较2015年增加35.6%、32%。“全民阅读”“书香中国”活动广泛开展，实体书店和民族地区新闻出版设施设备不断完善。全国广播电视制播和覆盖能力显著增强，基层广播电视和应急广播体系建设逐步完善。2019年全国广播、电视人口覆盖率达99.16%、99.41%，较2015年分别提高了0.96和0.71个百分点。

（二）城乡公共文化服务协调发展

国家、省、市、县、乡（街道）、村（社区）六级公共文化服务网络基本建成。统筹推进公共文化设施布局与建设，整合资源建设基层综合性文化服务中心，推动优质资源、服务下沉到农村、社区等基层一线，大力开展群众身边的公共文化服务。推进以县级图书馆和文化馆为中心的总分馆制建设，发挥县级总馆在县域公共文化建设中的中枢作用，通过分馆将公共文化服务延伸至基层农村地区。截至2019年，全国1 649个县（市、区）建成文化馆总分馆制，1 711个县（市、区）建成图书馆总分馆制，分别占比68.5%、73.8%，2 325个县（市、区）出台公共文化服务目录，占比83%，49.5万个行政村（社区）建成综合性文化服务中心，占比86%。推进城乡“结对子、种文化”，大力开展流动服务，打通公共文化服务“最后一公里”。2019年，中央财政投入3.89亿元为1.3万个贫困地区乡镇共配送约8万场以地方戏曲为主的演出，为基层群众送上了文化大餐。

（三）数字文化建设水平不断提升

加快应用物联网、人工智能、云计算等新兴技术，推动公共文化服务广度和深度不断拓展，公共文化服务线上化步伐加快，线上线下融合持续加速。数字文化馆试点有序推进，进一步拓展、提升了文化馆全民艺术普及职能。国家公共文化云正式开通，实现全国各级各类公共文化机构互联互通，资源和服务共建共享。打造形成“边疆万里数字文化长廊”、“中国文化网络电视”、国家图书馆“国图公开课”、上海“文化嘉定云”、重庆“公共文化物联网”、浙江嘉兴“文化有约”、内蒙古“数字文化走进蒙古包”、云南“农文网培学校”等一批数字文化服务品牌，有效打破地理空间障碍，突破区域城乡差异限制，让人民群众足不出户便能及时获取丰富的公共文化资源。

专栏 3-18

乡风文明的创新举措——“乡村春晚”

近年春节期间农村群众自发举办的“乡村春晚”在全国蔚然成风，已经成为推动新时代乡村文化发展的新风尚。全国“乡村春晚”百县万村网络联动已成为“互联网+群众文化活动”品牌项目。“乡村春晚”作为基层群众自办文化活动，扎根乡村，普惠群众，为传统春节增添了生气和活力，为凝聚村民情感、培育文明乡风、促进农村精神文明建设发挥了重要作用。

2020年1月至2月，通过线下和线上相结合，组织开展全国“乡村春晚”集中展示活动，各地因地制宜在本乡本土开展各具特色的“乡村春晚”活动，展示各地乡村文化振兴的新成果、全面建成小康社会的新风貌。

四、全民健身战略深入实施

习近平总书记指出，全民健身是全体人民增强体魄、健康生活的基础和保障，人民身体健康是全面建成小康社会的重要内涵，是每一个人成长和实现幸福生活的重要基础[1]。党的十八大以来，以习近平同志为核心的党中央谋划推动体育事业改革发展，促进全民健身和全民健康深度融合。

（一）全民健身场地设施不断完善

“十三五”以来，实施公共体育普及工程，中央预算内投资安排108亿元，支持社会足球场地、县级公共体育场中标准田径跑道和足球场以及全民健身中心等公共体育设施建设。印发中国足球中长期发展规划和全国足球场地设施建设规划，协同政策和资金两端发力，明确各地建设指导目标任务，建立社会足球场地月统计通报制度，加大资金投入，创新机制，努力破解“用地难、筹资难、运营难”等难点瓶颈，社会足球场地建设取得积极进展。中央集中彩票公益金安排30多亿元，支持全民健身中心、乡镇农民体育健身工程、笼式足球场、多功能健身场地、体育公园、健身步道等群众身边的全民健身场地设施建设。中央财政资金支持大型体育场馆免费或低收费向公众开放。2019年拨付大型体育场馆免费或低收费开放中央补助资金9.3亿元，补助1 323个公共体育场馆。目前，全国人均体育场地面积超过2平方米，各类体育场地数量达到310万个，农民体育健身工程覆盖到全国近90%的行政村，公共体育设施开放

[1] 在会见全国体育先进单位和先进个人代表时的讲话（2013年8月31日），《人民日报》2013年9月1日。

服务水平明显提升，基本形成布局合理、覆盖面广、类型多样、普惠性强的公共体育服务网络。

（二）全民健身活动广泛开展

2016年，国务院印发《全民健身计划（2016—2020年）》，提出积极发展群众体育、倡导全民健身新时尚、推进健康中国建设。2019年，国务院办公厅印发《体育强国建设纲要》，要求广泛开展全民健身活动。目前，我国经常参加体育锻炼的人数超过4亿，占比达到35%，城乡居民达到《国民体质测定标准》合格以上的人数比例达90%以上。全民健身组织广泛建立，全国共有体育社会组织4.73万个，城市社区全民健身站点平均已达每万人3个。举办全国大众冰雪季活动，吸引了数千万群众参与。群众性赛事活动丰富多彩，2019年中国境内举办马拉松及相关运动规模的赛事共计1 828场，涵盖了全国31个省（区、市）的300个城市，全国累计马拉松参赛712.56万人次。

（三）科学健身指导逐步普及

科学健身指导形式多元，唤起社会大众对健身运动的关注。竞技体育带动群众体育协调发展。组织协调优秀运动员和运动队参加全民健身志愿服务活动及各类公益活动，数以百计的奥运冠军、世界冠军、全国冠军等优秀运动员注册成为“优秀运动员全民健身志愿者”。全民健身指导人员队伍日益壮大，截至2018年底，全国累计拥有社会体育指导员235万人，每千人拥有社会体育指导员1.68名。

»专栏 3-19

广东省推动绿道建设，打造休闲健身“幸福之路”

2011年，广东省提出建设“幸福广东”，创新推进以运动休闲为主要功能的绿道建设。十年来，绿道及相关服务配套设施建设取得了明显成效，全省共计完成绿道建设18 019公里，其中省立绿道6 024公里，市立绿道11 995公里，珠三角建成的绿道串联森林公园482个，基本实现“300米见园，500米见绿”，绿道已成为深入民心的健康之路、幸福之路。

广东省绿道的呈现方式十分丰富，包括健身步道、古驿道、滨水步道、栈道、登山步道以及骑行道等。完整、连续、可达的绿道网络连接了全省21个地市（县区），将居民点、自然人文景观与生态保护地串联一体，为群众提供了绿色健身、休闲和运动场所。

以绿道为载体，广东省组织了丰富的绿道健身赛事活动，充分满足了群众开展徒步、自行车、马拉松等各类体育活动的需求。广东省还依托南粤古驿道，举办了南粤古驿道定向大赛等系列赛事，并承办了2019年定向世界杯决赛。近4年来，赛事吸引了超过100万人次参与体验，产生经济效益约20亿元。

（四）体育文化和对外交往繁荣发展

以女排精神为主要内容的中华体育精神成为新时代社会主义先进文化的时代坐标。体育对外交往不断深化，习近平总书记多次对体育对外工作作出重要指示，体育成为“元首外交”新亮点。“一带一路”和多边平台体育交流稳步推进，体育交流成为国家人文交流机制的重要组成部分。体育法治、体育科技、体育人才等工作不断开创新局面。

五、养老托育服务体系不断健全

“一老一小”问题是社会公共服务的痛点和短板，是保障和改善民生最直接的现实需求。习近平总书记明确要求，要重视解决好“一老一小”问题，加快建设养老服务体系，支持社会力量发展普惠托育服务。

（一）养老服务体系加快健全

党的十九大报告明确提出，要积极应对人口老龄化，构建养老、孝老、敬老政策体系和社会环境，推进医养结合，加快老龄事业和产业发展。“十三五”时期，我国养老服务体系加快健全，逐步从面向特殊困难老年人的补缺型服务体系向面向所有老年人的养老服务体系转变，从居家养老为主向居家社区机构相协调、医养康养有机结合转变，从政府举办为主向社会力量多元参与转变，更好地满足了老年人日益增长的养老服务需求。

顶层设计和支持政策不断完善。“十三五”规划纲要设立“积极应对人口老龄化”专章。2016年，国务院办公厅印发《关于全面放开养老服务市场提升养老服务质量的若干意见》。2017年，国务院印发《“十三五”国家老龄事业发展和养老体系建设规划》。2019年，国务院办公厅印发《关于推进养老服务发展的意见》。2019年，中共中央、国务院印发《国家积极应对人口老龄化中长期规划》，构建了财富储备、人力资源、产品服务、社会环境、科技支撑等方面的政策框架，明确提出建立居家为基础、社区为依托、机构充分发展、医养有机结合的养老服务体系，是到21世纪中叶我国积极应对人口老龄化的战略性、综合性、指导性文件。

养老领域重大工程持续推进。“十三五”期间，中央预算内投资安排超过180亿元，重点支持老年养护院、医养结合的养老设施、特困人员供养服务设施（敬老院）等设施建设，切实增强了兜底养老保障能力，落实政府保基本职责。

›› 专栏 3-20

国家激励各地发展养老服务

2016年起，国务院根据每年国务院大督查和日常督查情况，对落实养老服务体系建设有关重大政策措施真抓实干、取得明显成效的地方予以安排中央预算内投资激励等支持。

2016年受激励省（区、市）：北京市、黑龙江省、江苏省、安徽省、重庆市、陕西省。

2017年受激励省（区、市）：浙江省、重庆市、上海市、河南省。

2018年受激励省（区、市）：浙江省、江西省、上海市、湖北省、广西壮族自治区。

2019年受激励省（区、市）：江苏省、江西省、上海市、湖北省、宁夏回族自治区。

2019年，针对大中城市养老床位“一床难求”问题，启动实施普惠养老城企联动专项行动，探索以投资换机制新模式，引导地方政府出台政策清单，带动企业提供普惠服务包，重点支持一批社区养老机构、失能失智养护机构、医养结合能力突出的养老机构建设，有效降低了建设运营成本，进一步满足中低收入群体的养老服务需求。截至2019年底，全国养老床位达到761.6万张，全国共有注册登记的养老机构3.4万个，机构养老床位429.2万张。

》专栏 3-21

开展普惠养老城企联动专项行动

为深入贯彻习近平总书记的重要指示精神，加强城市养老院建设，持续扩大普惠养老服务有效供给，进一步激发社会资本参与养老服务积极性，国家发展改革委、民政部、国家卫生健康委于2019年启动实施“普惠养老城企联动专项行动”。

专项行动聚焦普惠养老，围绕“政府支持、社会运营、合理定价”，深入开展城企合作。国家通过中央预算内投资，支持和引导城市政府系统规划建设养老服务体系。城市政府通过提供土地、规划、融资、财税、医养结合、人才等一揽子的政策支持包，企业按约定承担公益，提供普惠性养老服务包，向社会公开，接受监督。城市政府和企业双方签订合作协议，约定普惠性服务内容、与当地居民收入和退休金水平挂钩的价格等，扩大养老服务有效供给，最终实现让普通群众、工薪阶层买得到、买得起、买得好、买得放心。

2019—2020年，专项行动累计下达中央预算内投资37亿元，新增普惠养老床位18.5万张。

养老服务市场环境更加优化。探索建立养老服务筹资模式，在北京、青岛等一批城市开展长期护理保险制度试点，有效减轻了失能老人及其家庭的经济和照护负担。拓宽养老领域直接融资渠道，支持企业发行养老产业专项债券，利用企业债券融资方式获取长期低息资金。建立健全养老服务综合监管制度，制定养老机构服务安全规范，实施民办养老机构消防安全达标提升工程，养老领域事中事后监管意识和能力有所提升。

（二）婴幼儿照护服务加快推进

党的十九大报告明确要求在幼有所育上不断取得新进展。2019年中央经济工作会议就婴幼儿照护服务作出部署，要求解决好婴幼儿照护和儿童早期教育服务问题，增加对农村贫困地区儿童早期发展等的投入，支持社会力量发展普惠托育服务。

2019年，国务院办公厅印发《关于促进3岁以下婴幼儿照护服务发展的指导意见》，首次明确了婴幼儿照护服务发展的政策框架、重点任务和职责分工。随后，《托儿所、幼儿园建筑设计规范》《托育机构管理规范（试行）》等婴幼儿照护服务相关标准规范先后出台实施，一批具有示范效应的婴幼儿照护服务机构建成运营，覆盖城乡、多元化、多层次的婴幼儿照护服务体系正在加快形成。2020年，支持社会力量发展普惠托育服务专项行动启动实施，中央预算内投资安排10亿元，引导27个省（区、市）和3个计划单列市超过290个试点地区参与。

»专栏 3–22

小托育孕育大需求

随着家庭小型化、人口迁移流动日渐频繁，尤其是全面两孩政策实施以来，我国托育服务需求持续增加。调研显示，我国婴幼儿在各类托育机构的入托率仅为4%，但超过1/3的被调查对象表示有托育服务需求，其中对2～3岁幼儿托育的需求最为强烈。在大城市特别是科技园区、工业园区等年轻人集聚的地方，供求矛盾更加突出。

从国际情况来看，2014年经济合作与发展组织（OECD）成员国的平均入托率就达34%，爱尔兰、丹麦等高达60%以上；2015年古巴为44%、巴西为23%、泰国为27%。综合参考国际入托率数据以及我国托育服务需求调查数据等，我国托育服务发展潜力和空间巨大。

第四节

社会公共服务多样化需求得到更好满足

习近平总书记指出，要在保障基本公共服务有效供给基础上，积极引导群众对居家服务、养老服务、健康服务、文体服务、休闲服务等方面的社会需求，支持相关服务行业加快发展，培育形成新的经济增长点，使民生改善和经济发展有效对接、相得益彰[1]。“十三五”以来，各地各部门积极探索创新供给服务提供方式，鼓励支持社会力量兴办公益事业，满足人民多层次多样化需求。

---

[1] 在部分省区党委主要负责同志座谈会上的讲话（2015年7月17日），《人民日报》2015年7月20日。

一、健康服务业蓬勃发展

健康服务业以维护和促进人民群众身心健康为目标，是稳增长、扩内需、促就业、惠民生的重要国民经济支柱产业。习近平总书记指出，要坚持正确处理政府和市场关系，在基本医疗卫生服务领域政府要有所为，在非基本医疗卫生服务领域市场要有活力[1]。“十三五”时期，随着健康中国战略深入推进，健康服务业进入蓬勃发展期，带动了医疗服务、健康管理、健康保险、药品与医疗器械生产研发、医疗旅游、医养结合等行业企业的兴起，不断满足人民群众对健康服务的多样化需求。

（一）建立公平透明规范的准入制度

国务院办公厅印发《全国医疗卫生服务体系规划纲要（2015—2020年）》，支持和规范社会力量提供多层次多样化医疗服务。相继取消第三类医疗技术准入、医学美容主诊医师执业许可等审批事项，简化康复医院、老年病医院、儿童医院、护理院等紧缺型机构的审批手续。各省（区、市）普遍向地市级下放了医疗机构设置等审批，清理、取消不合理的前置审批事项。取消社会保险行政部门实施的医保定点机构资格审查项目，完善经办机构与医疗机构协议

[1]《习近平谈治国理政》第二卷，外文出版社2017年版，第371页。

管理，积极推动符合条件的社会办医疗机构纳入医保定点范围，定点社会办医疗机构超过3.7万家。

» 专栏 3-23

健康产业集聚发展蔚然兴起

2013年，国务院批复设立海南博鳌乐城国际医疗旅游先行区。2016年，经国务院同意设立北戴河生命健康产业创新示范区。按照国务院总体部署，各部门积极指导地方设立了一系列不同领域的健康产业集聚区、示范区，落实完善支持政策，做好发展评估，加快探索健康服务产业集群发展的有效模式。近年来，社会办医联系点、医养结合试点、健康旅游示范基地等机制发挥积极作用，形成了一系列典型经验，有力推动了健康服务业创新发展和深化改革，发挥了示范引领作用。

（二）新业态和产业集群发展壮大

健康医疗与养老、旅游、体育、互联网、食品等领域融合，催生发展新动能。推进医疗卫生与养老服务相结合，积极支持康复、护理、安宁疗护等延续性医疗机构发展，将老年人纳入家庭医生签约服务重点人群，加快发展社区居家健康养老服务。医养结合加快推进，在90个地级市（区）开展国家医养结合试点，探索可持续可复制的健康养老模式。截至2019年底，在全国超过3.6万家养老机构中，有90%以上的养老机构开展了不同形式的医养结合服务，其中，超过84%的养老机构与医疗机构开展了合作，超过37%的养老机构有内设医疗机构，超过31%的养老机构综合采取了以上两种方式。促进健康旅游发展，积极推进健身休闲，促进医疗与体育运动休闲相结合。

（三）健康服务创新研发加快推进

组织实施医药健康领域的科技重大专项、重点专项、关键技术研发以及应用示范，一批创新药品种研发成功，正电子发射计算机断层显像设备、磁共振成像装置、CT等高端医疗器械实现国产化，基因检测、干细胞治疗、免疫治疗、智慧医疗等新型医疗服务技术加快发展。加快推动医药产业、营养和保健食品、体育健身器材、康复辅助器具等产业发展。药品医疗器械审评审批制度改革积极推进，新药注册速度明显提升，药品审评注册积压基本消除。

（四）多层次健康保险快速发展

居民医保门诊统筹普遍开展，纳入医保支付范围的康复项目逐步增加。工伤预防工作全面推开，预防、补偿、康复相结合的工伤保险制度体系建设取得新进展。商业健康保险类型已涵盖疾病险、医疗险、护理险和失能收入损失险4大类。商业健康保险支出个人所得税税前扣除政策试点全面推广，对个人购买符合条件的商业健康保险支出按2 400元/年的限额在个人所得税前予以扣除。

二、文化和旅游融合深入发展

文化是旅游的灵魂，旅游是文化的载体，文化提升旅游品质，旅游传播文化内涵。推动文化和旅游融合发展，是以习近平同志为核心的党中央作出的重要决策。“十三五”期间，我国文化和旅游业发展迅速，消费市场快速扩大，融合程度不断加深，文旅产品和服务日益丰富，为满足人民美好生活需要、促进经济社会可持续发展提供了重要支撑。

（一）文化和旅游融合机制不断完善

深化文化旅游供给侧结构性改革，把提升硬件和优化软件结合起来，把提高服务品质和改善文化体验结合起来，推动文化繁荣和旅游发展相互促进、相得益彰。合理开发文物保护单位、博物馆、美术馆和非物质文化遗产传习场所等旅游功能，深入挖掘、打造旅游景区、景点文化内涵，逐步实现文化事业、文化产业和旅游业深度融合、互补共赢。出台大运河文化保护传承利用规划纲要，整合大运河沿线具有突出意义、重要影响、重大主题的文物和文化资源，打造大运河璀璨文化带、绿色生态带、缤纷旅游带。统筹推进国家文化公园建设，打造集生态保护、旅游观光、文化传承、公共服务于一体的公共文化载体，充分彰显中华文化独特魅力。推动景德镇国家陶瓷文化传承创新试验区发展，促进优秀陶瓷文化与旅游发展高质量融合。实施文化旅游提升工程、“三区三州”等深度贫困地区旅游基础设施改造升级行动计划，“十三五”时期共安排中央预算内投资284亿元，支持公共文化服务设施、国家文化和自然遗产保护利用设施、旅游基础设施和公共服务设施等建设，文化旅游设施和服务水平显著提升，文化和旅游融合步伐不断加快。

>> 专栏 3-24

加强大运河文化保护传承利用

大运河包括京杭大运河、隋唐大运河、浙东运河3个部分，全长3 200多公里，开凿至今已有2 500多年的历史，涉及北京、天津、河北、江苏、浙江、安徽、山东、河南8个省（市），是中国古代创造的一项伟大工程，展现出我国劳动人民的伟大智慧和勇气，传承着中华民族的悠久历史和文明。2014年列入《世界遗产名录》。

大运河是祖先留给我们的宝贵遗产，是流动的文化，要统筹保护好、传承好、利用好。为贯彻落实习近平总书记重要指示批示精神，中共中央办公厅、国务院办公厅印发《大运河文化保护传承利用规划纲要》，坚持共抓大保护、不搞大开发，推进文化遗产保护展示、河道水系治理管护、绿色生态廊道建设、文化旅游融合提升等4大工程，以及精品线路和统一品牌、运河文化高地繁荣兴盛行动等2项行动，打造大运河璀璨文化带、绿色生态带、缤纷旅游带，使之成为新时代宣传中国形象、展示中华文明、彰显文化自信的亮丽名片。

（二）文化和旅游融合业态日益丰富

精心培育融合发展新业态，文化旅游产品体系日趋完善，供给能力显著提升，初步形成了文化旅游传统业态和新业态协同发展的新格局。全域旅游快速发展，海南、桂林、皖南、平潭、横琴等重点旅游区建设深入推进，特色旅游景区、旅游度假区等重点旅游目的地质量齐升。出台全国生态旅游发展规划，打造了一批生态旅游协作区、生态旅游精品线路，国家公园、国家湿地公园、森林公园等科研、教育、游憩功能逐步完善，在保护生态系统原真性、完整性的基础上，为公众提供了更多亲近自然、体验自然、了解自然以及休闲游憩的机会。全国乡村旅游重点村创建有序开展，乡村旅游内生动力不断增强，特色旅游产品更加丰富，旅游环境和服务质量显著改善。全国红色旅游经典景区名录正式发布，覆盖了我国革命遗址遗迹中的大部分精品，革命文物保护利用和红色旅游开发协调推进，推出了一批承载革命文化内涵、群众喜闻乐见的红色旅游产品。

》专栏 3-25

推进平潭国际旅游岛、横琴国际休闲旅游岛建设

平潭国际旅游岛范围为平潭岛及所辖海域，统筹考虑平潭综合实验区国土空间总体规划、综合交通规划等，结合全岛旅游资源分布、旅游产品组织和服务要素聚集等因素，加快构建“一廊两环五区”的国际旅游岛建设发展格局。预计到2020年，国际旅游岛建设全面推进，独具特色的旅游产品体系基本形成，旅游业增加值占地区生产总值比重达到9%左右，至2025年，比重将达到14%左右。

横琴国际休闲旅游岛范围为横琴岛及所辖海域，结合全岛旅游资源分布、旅游产品组织和服务要素集聚等因素，在保障珠江河口泄洪纳潮、粤港澳大湾区水安全的前提下，构建“一带、一廊、一区”的全域发展空间布局，逐步形成集聚化、网络化发展格局。预计到2020年，旅游产业的综合带动作用逐步提升，第三产业增加值占地区生产总值比重达75%，至2025年达到80%。

（三）文化和旅游产业蓬勃发展

文化和旅游产业总量规模稳步增长，市场主体持续发展壮大，产业供给更加优质丰富，文化和旅游消费不断扩大。进一步完善支持政策，先后出台关于促进旅游业改革发展、推进文化创意和设计服务与相关产业融合发展、进一步加快旅游业发展、促进全域旅游发展、进一步激发文化和旅游消费潜力的指导意见。“十三五”时期，我国文化及相关产业增加值从2015年的2.7万亿元增加到2018年的4.1万亿元，占国内生产总值比重从4%上升到4.5%。2019年全国5.8万家规模以上文化企业实现营业收入8.7万亿元，其中文化创意和设计服务企业营业收入1.2万亿元。2019年全国居民人均教育文化娱乐消费支出2 513元，比2015年增加790元。2019年全国旅游业总收入达到6.6万亿元，国内游客达到60亿人次，比2015年分别增长60.5%、50%。相比于2015年，2019年入境游人数从1.3亿人次增长到1.4亿人次，出境游人数从1.2亿人次增长到1.6亿人次，人均出游次数从2.9次增长到4.4次。文化和旅游产业全面融入乡村振兴战略、区域发展战略，在促进就业、脱贫富民等方面发挥了重要作用，2019年旅游直接和间接就业7 987万人，占全国就业总人口的10.3%。

（四）对外文化交流合作更加活跃

习近平总书记指出，文明因交流而多彩，文明因互鉴而丰富。

文明交流互鉴，是推动人类文明进步和世界和平发展的重要动力[1]。“十三五”期间，我国成功举办亚洲文明对话大会，推动成立世界旅游联盟，承办联合国世界旅游组织第22届全体大会，为推动文明交流互鉴创造条件。开展亚洲文化遗产保护行动，实施亚洲经典著作互译计划和亚洲影视交流合作计划，打造智库交流合作网络，实施亚洲旅游促进计划，为促进亚洲经济发展、增进亚洲人民友谊贡献更大力量。打造“欢乐春节”“美丽中国”“中国文化周”等品牌活动，文化和旅游国际交流传播成效显著，开展深层次人文交流，中国文化、中国故事通过旅游走向世界，中华文化“走出去”在广度和深度上不断取得新突破，中国旅游国际知名度和影响力大幅提升。2019年，我国文化产品进出口总额1 114.5亿美元，贸易顺差883.2亿美元，分别比2015年增加10%和21%。

»专栏 3-26

亚洲文明对话大会取得圆满成功

2019年5月15日，亚洲文明对话大会在北京开幕，习近平主席出席大会并发表题为《深化文明交流互鉴 共建亚洲命

[1] 在中国国际友好大会暨中国人民对外友好协会成立60周年纪念活动上的讲话（2014年5月15日），《人民日报》2014年5月16日。

运共同体》的主旨演讲，提出4点主张：

坚持相互尊重、平等相待。中国愿同各国开展亚洲文化遗产保护行动，为更好传承文明提供必要支撑。

坚持美人之美、美美共生。中国愿同有关国家一道，实施亚洲经典著作互译计划和亚洲影视交流合作计划，帮助人们加深对彼此文化的理解和欣赏，为展示和传播文明之美打造交流互鉴平台。

坚持开放包容、互学互鉴。中国愿同各国加强青少年、民间团体、地方、媒体等各界交流，打造智库交流合作网络，创新合作模式，推动各种形式的合作走深走实，为推动文明交流互鉴创造条件。

坚持与时俱进、创新发展。中国愿同各国实施亚洲旅游促进计划，为促进亚洲经济发展、增进亚洲人民友谊贡献更大力量。

三、家政服务业加速提质扩容

小家政、大民生。家政服务是朝阳产业，既满足了农村进城务工人员的就业需求，也满足了城市家庭育儿养老的现实需求。习近平总书记十分关心家政服务业发展，要求把这个互利共赢的工作做实做好，办成爱心工程。“十三五”期间，我国家政服务业快速发展，政策体系逐步完善，产业规模持续扩大，服务模式不断创新，努力满足人民群众日益增长的多样化、多层次家政服务需求，在保障民生、促进就业、扩大内需、精准扶贫方面的作用日益凸显。

（一）家政服务市场不断壮大

2019年，国务院办公厅印发《关于促进家政服务业提质扩容的意见》，从完善培训体系、支持员工制家政企业、推动家政进社区、加强金融支持等10方面提出了36条政策措施，被社会上称为“家政36条”。“十三五”以来，我国家政服务业营业收入年均增长保持在20%左右，2019年营业收入达6 900亿元，同比增长19.7%。随着互联网、大数据、云计算等技术不断应用，家政服务信息系统、App应用、电商平台不断发展。家政服务业与保洁、养老、育婴智能产品和辅助器具研发制造深度融合、转型升级。

（二）家政培训能力显著提升

组织实施家政培训提升行动、春潮行动等培训活动，岗前培训、回炉培训、职业教育多层次培训逐步健全。2018年，全国共有家政服务业相关专业点数212个，招生人数6 578人。2019年，全国新设家政相关专业点72个，同比增长132%，家政从业人员技能水平不断提高。家政实训基地建设步伐加快，省级家庭服务职业培训示范基地达到255家。2019年通过中央预算内投资和地方政府专项债券等多种方式，支持22个家政等社会服务产教融合实训基地项目建设，产教融合型家政企业创建工作加快推进。

（三）稳就业保民生作用不断增强

家政服务业是吸纳劳动力就业的重要渠道。“十三五”以来，我国家政服务业从业人员规模快速增长，2019年从业人员超过3 000万人，对于稳就业发挥了重要作用。2019年，114个城市266家大型家政企业与国家级贫困县开展供需对接，新建家政劳务输出基地，累计带动贫困地区和农村新增就业55万人，带动建档立卡贫困劳动力新增就业27万人。

（四）家政进社区成效明显

“十三五”以来，国家为家政进社区提供更加灵活优惠的场地、投资、减税降费和价格政策。家政企业在社区设置服务网点租赁场地可不受用房性质限制。相关财政资金支持社区家政网点建设。加大社区家政服务减税降费力度，对提供社区家政相关服务的收入免征增值税，并减按90%计入所得税纳税基数。对承担或提供房产、土地用于家政服务的，免征“三税六费”。社区家政网点的水电费用执行居民价格。社区家政网点布局日趋合理，家政服务更加便捷可及。

（五）行业规范化建设持续推进

出台加强家政服务标准化工作的指导意见，建立家政服务员分类体检制度。发布家政服务母婴生活护理、家政服务机构等级划分及评定等多个国家标准。建立家政信用信息平台，构建家政服务业信用体系，归集超过7 000个家政企业和600多万名家政服务员信用信息。2019年，上海市人大常委会审议通过并发布《上海市家政服务条例》，在全国率先为家政服务立法。

»专栏 3-27

家政服务业提质扩容“领跑者”行动

2019年，为深入贯彻落实“家政36条”，国家发展改革委、商务部、人力资源社会保障部等部门开展了家政服务业提质扩容“领跑者”行动，致力于通过综合措施，遴选一批示范城市，打造一批示范社区，培育一批示范企业，形成一批家政服务知名品牌，充分发挥“领跑者”的示范作用，引领行业规范发展。

“领跑者”行动首批确定的32个重点推进城市（区）：北京市西城区、朝阳区、石景山区，河北省衡水市，吉林省长春市，上海市长宁区、闵行区，江苏省徐州市、扬州市，浙江省杭州市、温州市、常山县，福建省厦门市、泉州市，山东省济南市、青岛市、临沂市、济宁市，河南省郑州市，湖北省十堰市、宜昌市，湖南省长沙市、湘潭市、郴州市，广东省广州市、茂名市，广西壮族自治区南宁市，重庆市璧山区，四川省成都市、绵阳市，甘肃省兰州市，宁夏回族自治区银川市。

重点推进城市在金融支持、员工制家政企业培训、家政进社区、促进家政消费等方面出台了一系列含金量高的政策措施，共确定领跑企业132家，领跑社区79个，领跑学校51所，形成了你追我赶、协同推进的领跑格局，对于推动家政服务业转型升级，实现高质量发展发挥了重要作用。

四、体育产业提速升级

体育产业是绿色产业、朝阳产业、新兴产业。习近平总书记多次就推动群众体育、竞技体育、体育产业协调发展作出指示。“十三五”期间，陆续印发《关于加快发展健身休闲产业的指导意见》《关于加快发展体育竞赛表演产业的指导意见》《关于促进全民健身和体育消费推动体育产业高质量发展的意见》等政策文件，不断激发体育消费，大力培育市场主体，让经常参加体育锻炼成为一种生活方式。

（一）体育产业规模高速增长

2014年以来，我国体育产业年均增长速度为18%，不仅远高于经济增速，更领跑社会领域其他产业。产业增加值占国内生产总值比重也从2014年的0.64%增长到2018年的1.1%，与发达国家2%～3%的平均水平差距逐步缩小。

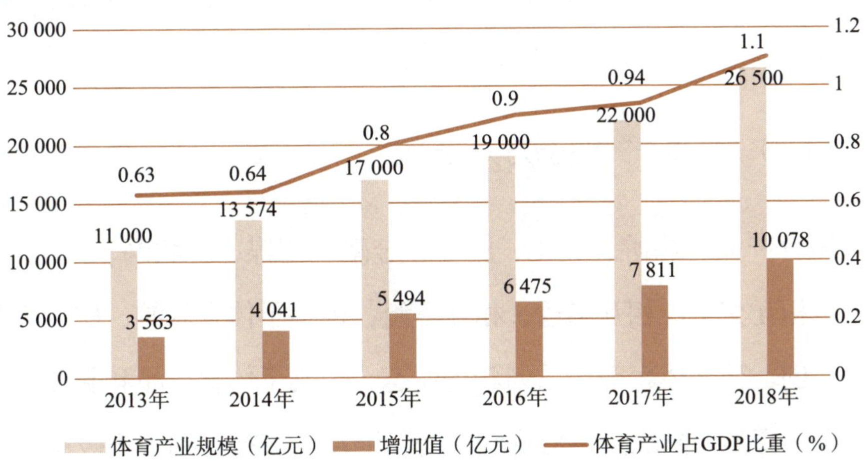

图3-3 2013—2018年我国体育产业总规模及增加值变化图

（二）体育产业结构日趋优化

体育用品制造业“一家独大”的局面有所改观，体育服务业增加值占体育产业增加值比重超过50%，健身休闲业和竞赛表演业年均增速超过30%。体育产业已形成以竞赛表演和健身休闲为驱动，体育用品业为保障，场馆运营、体育培训、体育中介、体育传媒等业态竞相发展的良好格局。

（三）体育消费蓬勃发展

2019年体育消费总规模超过1万亿元，吸纳就业超过500万人，体育机构数量年增长20%左右，体育消费方式逐步从实物型消费向参与型和体验型消费转变。大型群众性体育赛事出现井喷，2019年我国境内共举办规模赛事1 828场，累计参赛人次712.6万，覆盖了300个城市，带动消费超过300亿元。

（四）“体育+”业态方兴未艾

体育产业与旅游、文化、医疗、金融、传媒、互联网、人工智能等领域相互交叉、相互渗透、相互重组，催生了体育旅游、体育康养、体育文创、智能体育等一系列新兴业态，丰富了体育产品和服务供给，形成了体育消费新热点，对推动经济新旧动能转换起到了积极作用。

» 专栏 3-28

黑龙江推动“体育+”融合发展

“体育+旅游”：发起成立了东北区域体育旅游联盟，优化整合东北体育旅游业态、组织、人群和市场，命名11

家省级体育旅游精品景区、5条精品线路、11项精品赛事、1个体育旅游精品目的地，有力带动了体育旅游快速发展。

"体育+文化"：开展形式多样的冰雪题材文化创作，七台河、齐齐哈尔等地先后拍摄了《破冰》《飞吧冰球》等影视作品，广泛宣传冰雪体育文化，2017年全年媒体曝光量突破17.9亿。

"体育+健康"：出台《健康龙江行动实施方案》，进一步丰富全民健身服务供给，加大了健身人群覆盖面。

"体育+互联网"：利用互联网、移动终端等，开展场馆数字化运营和线上线下的体育活动，为群众提供更多的健身活动场所，扩大体育群体，拉动体育消费。

（五）产业发展支撑条件不断优化

陆续印发健身休闲产业、竞赛表演业、社会力量举办体育赛事等25个配套文件，出台了足球、马拉松、自行车、冰雪、水上、击剑、武术、航空、山地户外等9个专项运动规划，为社会力量积极参与释放了积极的信号。十余个省（市）成立了省级体育产业集团，安踏、泰山等民营体育企业迅速崛起，Keep、乐刻等创业企业纷纷获得资本市场青睐。18项国家标准陆续发布，产业统计体系日趋完善，为体育产业持续发展提供了有力支撑。

»专栏 3-29

全国社会足球场地设施建设专项行动

2019年7月，国家发展改革委会同有关部门启动实施社会足球场地设施建设专项行动，旨在通过“中央出资金、地方出政策、企业出服务”的方式，推动破解“用地难、筹资难、运营难”等瓶颈问题，努力缓解人民群众“望球兴叹、一场难求”的矛盾，确保《全国足球场地设施建设规划（2016—2020年）》目标如期完成。

专项行动已确定两批共41个重点推进城市：河北省唐山市、秦皇岛市，黑龙江省哈尔滨市，安徽省合肥市，福建省漳州市、南安市、宁德市霞浦县，江西省九江市、萍乡市、宜春市、定南县，山东省烟台市、日照市，河南省开封市、南阳市，湖北省武汉市、荆州市、襄阳市，湖南省长沙市、株洲市、娄底市、岳阳市，广东省珠海市、梅州市，广西壮族自治区北海市、贺州市、贵港市，海南省海口市，重庆市涪陵区，四川省成都市、自贡市、绵阳市涪城区、内江市威远县，贵州省都匀市，云南省曲靖市、玉溪市、红河州、普洱市，陕西省渭南市、榆林市，新疆维吾尔自治区乌鲁木齐市。

2020年，中央预算内投资安排11.5亿元，支持重点推进城市的80余家企业建设运营社会足球场地，预计将撬动30多亿元社会资金投入，建成1 100多块社会足球场地。

五、“互联网+社会服务”新业态不断涌现

互联网为加快优质公共服务资源共建共享提供了重要平台。习近平总书记指出，推进“互联网+教育”“互联网+医疗”“互联网+文化”等，让百姓少跑腿、数据多跑路，不断提升公共服务均等化、普惠化、便捷化水平[1]。2019年，经国务院同意，国家发展改革委等7部门印发《关于促进“互联网+社会服务”发展的意见》，围绕党的十九届四中全会对统筹城乡民生保障制度、满足人民日益增长美好生活需要的部署要求，提出推动“互联网+社会服务”发展，促进社会服务数字化、网络化、智能化、多元化、协同化。

（一）公共服务数字化转型提速

“互联网+社会服务”加速推动了教育、医疗等传统公共服务

[1] 在十九届中央政治局第二次集体学习时的讲话（2017年12月8日），《人民日报》2017年12月10日。

向数字化转型。国家数字教育资源公共服务体系加快构建，“平台+”在线教育服务模式快速发展。医疗健康服务资源数字化积极推进，医疗健康数字资源不断开发应用，提供更多网络化服务。截至2019年底，全国互联网医院超过400家。新冠肺炎疫情期间，在线教育、在线医疗注册用户和日活量迅猛上升。

»专栏 3-30

互联网医疗服务在“战疫”中蓬勃发展

新冠肺炎疫情发生以来，互联网医疗信息平台业务大幅增长，“好大夫在线”数据显示，2020年1月22日至2月25日，在线医生数和用户量环比分别增长24%、278%。“平安好医生”数据显示，从1月疫情发生至2月底，其App新注册用户量增长10倍，日均问诊量为平时9倍。中日友好医院依托国家远程医疗和互联网医学中心，向全国医疗机构开放远程会诊平台注册，从疫情发生至3月初，累计连接医疗机构1 500多家，吸引会诊专家6 450人。微医联合多家医院为天津、武汉等地群众配套提供医保结算、药品配送。阿里健康利用“基层通”“云药库”“云药房”等信息化手段，持续为偏远基层诊所、连锁药店、村卫生室供药。

（二）激发多元化市场主体活力

“互联网+社会服务”以平台方式促进共享发展，推动多元化市场主体成为公共服务提供者，进一步丰富了公共服务供给。国家对非学历教育在线培训实行省级备案制。参照高新技术企业、软件企业对在线教育企业实行企业所得税、增值税等优惠税率。近年来，在线教育培训成为社会力量投资兴办教育热点，满足了人民群众的多样化教育需求。“互联网+家政”模式广泛运用，更多家政企业通过网上商城、App等，全方位布局家政服务网络。

（三）创新多样化社会服务方式

“互联网+社会服务”成为各类新技术集中应用的前沿领域，推动了公共服务内容、方式的开拓创新。人工智能、第五代移动通信（5G）等新一代信息技术在卫生健康服务领域加快集成应用，新型穿戴设备、智能终端等产品和服务研发，不断丰富线上线下相融合的服务体验。“线上旅游”加快发展，越来越多景区运用虚拟现实（VR/AR）、4D、5D等人工智能技术打造立体在线景区，让旅游实现足不出户。大数据技术分析大众潜在旅游消费偏好，提前谋划个性化的旅游产品，持续优化旅游信息供给，及时发布旅游市场信息。5G等新一代信息技术为体育产业发展充分赋能，带来了全新观赛体验，催生了智能体育发展，延伸了体育产业链条，线上体育赛事火爆，Keep、乐刻等一大批互联网体育企业蓬勃发展，体育产业发展打开“新风口”。

>> 专栏 3-31

银川打造“互联网＋医疗健康”服务新模式

银川市围绕打造“互联网＋医疗健康”示范区核心区，积极探索“互联网＋医疗健康”服务新模式。

通过组建“全国专家远程门诊”，让北上广优质医疗资源下沉到银川，实现疑难杂症不出市；将银川本地三甲医院的优质资源下沉到县区，实现大病不出县（区）。目前，银川市远程医疗服务平台已连接300余家基层医疗卫生服务机构和医院。

推进“互联网＋”融入慢性病管理，将家庭医生与慢性病管理、康复医养结合起来，通过互联网、物联网可穿戴设备和人工智能应用以及健康管理O2O（线上线下相结合）模式、MDM（全程系统化糖尿病）管理模式，逐步实现线上线下一体化社区“网格化”管理。

第四章

任重道远：民生改善只有连续不断的新起点

“明者远见于萌，而知者避危于无形”。习近平总书记指出，越是取得成绩的时候，越是要有如履薄冰的谨慎，越是要有居安思危的忧患[1]。“十四五”时期，是世界百年未有之大变局的深度演变期，国内外形势复杂多变，来自各方面的风险挑战将明显增多。越是在这种时候越要保持清醒头脑，坚持底线思维，全面研判新形势，科学分析新问题，准确把握新任务，更加牢牢兜住民生保障底线，为经济社会健康发展建立公共服务安全网。

---

[1] 在学习贯彻党的十九大精神研讨班开班式上的讲话（2018年1月5日），《人民日报》2018年1月6日。

第一节

保障和改善民生新形势

“辨方位而正则”。全面研判未来一段时间保障和改善民生面临的内外部环境和发展新形势新特点，是正确把握发展思路的重要前提。中国特色社会主义进入新时代，社会主要矛盾已经转化为人民日益增长的美好生活需要和不平衡不充分的发展之间的矛盾。站在新的历史起点上，保障和改善民生面临新的国际环境和经济社会形势。

一、国际环境更趋错综复杂

当前和未来一段时期，和平与发展的时代主题没有变。但随着大国竞争日趋激烈，国际竞争格局深刻调整，外部风险隐患明显增加，叠加新冠肺炎疫情的重创，世界经济增长前景不容乐观，国际环境更趋错综复杂，不稳定不确定因素明显增多。

（一）国际竞争格局深刻调整

新兴市场国家和发展中大国崛起对西方在国际格局中的地位产生重大冲击，新兴经济体的话语权有所上升，守成大国与新兴大国的摩擦对抗加剧，围绕全球治理和国际规则制定主导权的较量日趋激烈。世界格局正处在一个大调整大变革时期，全球治理体系正发生历史性转变。大国战略竞争加剧，将重塑国际关系的基本形态，国际上两种趋势、两种力量进入全面较量的关键阶段，在世界范围内围绕意识形态、经济增长、发展模式、全球治理、网络安全等领域全面博弈。

（二）外部风险隐患增多

美国加快推动实施“印太战略”，巩固亚太安全同盟体系，地缘政治潜在冲突正在上升。如果亚太地区的分歧和摩擦得不到有效管控，未来地缘热点问题很可能成为大国直接冲突的导火索。面对日益突出的大国战略竞争，能否采取有效措施应对外部不确定性、危中寻机、化危为机是我国“十四五”时期继续稳定发展的重要前提。

（三）新冠肺炎疫情走势不明朗

新冠肺炎疫情重创世界经济，各国普遍下调经济增速预期，全球经济面临极大不确定性。全球产业链、供应链遭受重大冲击，生产下滑，国际贸易中断，人员往来大幅减少，居民和企业收入下降，消费和投资双双萎缩。劳动力市场遭受灾难性打击，对低技能、非正规就业劳动力影响尤为严重。疫情走势尚不明朗，各国应对力度参差不齐，疫情或在全球出现反复，可能引发经济社会运行的多次“暂停”和“重启”。

二、经济基本面长期向好

尽管面临错综复杂的国内外风险挑战和一定的下行压力，但我国经济体量大、韧性好、潜力足、回旋空间大、政策工具多的基本特点没有变。我国具有全球最完整、规模最大的工业体系、强大的生产能力、完善的配套能力，拥有1亿多市场主体和1.7亿多受过高等教育或拥有各类专业技能的人才，还有14亿人口所形成的超大规模内需市场，正处于新型工业化、信息化、农业现代化快速发展阶段，经济长期向好的基本面没有改变，能够为保障和改善民生、加强社会公共服务体系建设提供坚实的经济和物质基础。

（一）经济总量持续提升

改革开放以来，我国经济总量从世界第十一位跃居第二位，占世界经济总量的比重持续提升。2006年以来，我国对世界经济增长的贡献率稳居世界第一位，是世界经济增长的第一大引擎。2019年，我国国内生产总值达到99.1万亿元，占世界总量超过16%，人均国内生产总值突破1万美元，已经达到中等偏上收入国家水平。财政收入占比更加协调，2012—2019年财政收入平均增速7.43%，从11.7万亿元增长到19.0万亿元，与国内生产总值之比从21.8%下降到19.2%。

（二）经济结构更加优化

消费结构持续升级，居民消费升级步伐加快，消费形态从基本生活型转向发展享受型，消费品质从中低端转向中高端，服务消费比重不断提高。2019年，全国居民恩格尔系数下降至28.2%，全国居民人均消费支出中，教育文化娱乐、医疗保健等支出占比持续提高，模仿型排浪式消费阶段基本结束，个性化多样化消费渐成主流。

有效投资空间不断拓展，基础设施互联互通和一些新技术、新产品、新业态、新商业模式的投资机会大量涌现，公共服务和基础设施补短提质将显著增强发展后劲。

出口结构调整优化，我国竞争优势由价格为主向质量、技术、品牌为核心的综合优势转型，推动出口由货物为主向货物、服务、资本输出相结合转型，高水平“引进来”、大规模“走出去”正在同步发生。

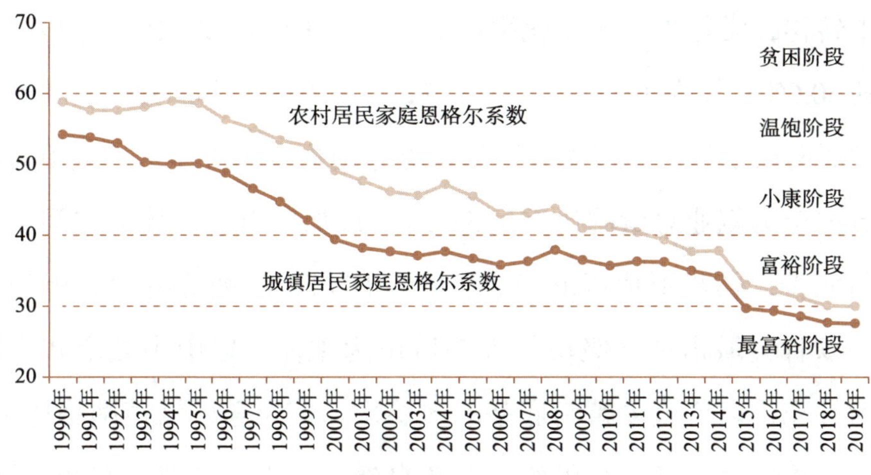

图4–1　我国城乡居民恩格尔系数（%）

（三）区域发展更加协调

区域发展差距继续缩小。东部地区率先发展，示范引领作用日益凸显。随着西部大开发、东北振兴、中部崛起等战略逐步落实，中西部地区发展提速，发展后劲不断增强，对全国经济发展形成新支撑。2019年，中部、西部地区生产总值占全国的比重分别为22.1%和20.7%，分别比2000年提高3.0和3.2个百分点。京津冀协同发展、长江经济带发展、长三角一体化发展、粤港澳大湾区建设、黄河流域生态保护和高质量发展等区域发展战略扎实推进，新的经济增长极不断形成，引领力不断增强，资源空间配置效率稳步提高，为区域经济协调发展注入新动力。

城乡融合发展水平进一步提升。以人为核心的新型城镇化扎实推进，城镇化发展更多由速度增长转向质量提升，大量农村人口向城市转移，常住人口城镇化率由1978年末的17.92%上升到2019年末的60.6%，提高了42.68个百分点，年均提高1个百分点。随着产业发展向城市集中，城镇吸纳就业能力增强。2019年末，城镇就业人员占全国就业总量的比重达57.1%。以城市群为主体的空间格局不断完善，初步形成以北京、上海、广州、深圳等特大城市为引领，以省会城市和地级市等大型城市为主体，以中小城市和小城镇为补充，以广大乡镇为底基的多层次、广覆盖的城镇网络体系。乡村面貌焕然一新，全国绝大多数自然村通上了公路、有线电视、电话宽带，大多数农村地区实现了饮水集中净化处理和垃圾集中处理。

（四）科技支撑更加有力

科技实力大幅提升。2019年，全社会研究与试验发展经费支出达到21 737亿元，占国内生产总值2.19%，超过欧盟15国平均水平。我国自2013年起成为世界第二大研发经费投入国，研发人员总量、发明专利申请量分别连续高居世界首位。党的十八大以来，我国在载人航天、量子科学、卫星导航等诸多领域取得重大成果，创新驱动发展战略成效不断显现。

科技引领作用显著增强。随着“互联网+”深入开展，“中国制造”正升级为“中国智造”，基于移动互联、物联网的新产品、新业态、新模式蓬勃发展，成为我国改造提升传统产业、培育经济发展新动能的有力支撑。大数据、云计算应用不断拓展，以5G为代表的新一代信息技术走向百姓生活，催生出一大批独角兽企业。电子政务、信息惠民、共享经济、平台经济迅速兴起，有效提高了政府治理水平和群众获得感。

科技深刻改变生产生活方式。民生领域的供给能力和服务方式更加多样，国民休闲时间得到增加，加快推动需求释放和升级。对技能型、知识型、创新型人才需求大幅增加，带动形成学习型社会，人民群众的经济、政治、文化、社会、生态文明参与意识不断增强。信息传播范围广、实时性高，社会网络化、扁平化特征越来越明显，公众对群体间差异感受更明显，对社会发展诉求的表达更直接，群体性焦虑、精神压力和心理问题明显增多，稍有不慎可能引发重大社会群体性事件。

三、社会基础更加多元变化

受人口结构变迁影响，家庭传统功能弱化，民生和社会公共服务领域将面临劳动力供给减少、社会化需求增加等多重挤压，健康养老供求矛盾将更加凸显。与此同时，伴随着消费主体梯度变化、民生需求深刻转变以及群众期待加速升级，对社会公共服务供给质量与水平提出了更高要求。

（一）人口结构持续变迁

人口惯性增长逐步减弱。2019年底，中国人口突破14亿大关，并将于21世纪中叶前保持在14亿量级。同期，全球人口总量将从2018年的76亿多上升到2030年的85.5亿，中国人口占全世界人口的比重将从18.3%下降到16.8%左右。

劳动年龄人口波动式下降。我国15～59岁劳动年龄人口总量自2011年达到峰值后逐步下降，劳动年龄人口趋于老化，到2030年，45～59岁大龄劳动力占比将达到36%左右。但总体看，我国劳动力规模仍然庞大，人力资源供给较为充沛，将长期对发达经济体保持相对优势。

人口老龄化不断加深。人口老龄化是社会发展的重要趋势，是人类文明进步的体现，也是今后较长一段时期我国的基本国情。2000—2019年，60岁及以上老年人口从1.26亿人增加到2.53亿人，预计未来人口老龄化程度将进一步加深。人口老龄化对经济运行全领域、社会建设各环节、社会文化多方面乃至国家综合实力和国际竞争力，具有深远影响，挑战与机遇并存。在潜在经济增长率和高质量发展、社会保障和公共服务、家庭功能和代际和谐等方面挑战严峻。同时，也有利于壮大银色经济，形成经济发展新动能。

家庭结构持续变化。随着人口老龄化，我国家庭结构还出现长寿和小型化等特点。2018年，人均预期寿命约为77岁，预计到2035年将进一步提升至80岁左右。平均家庭规模已从1953年“一普”时的4.33人下降到2010年“六普”时的3.10人，2030年将进一步缩小到2.61人左右，核心家庭将成为主体家庭形态。

（二）消费主体梯度变化

消费主体年龄结构变化。“70后”将成为对消费贡献最大的群体，“80后”不断成长为社会的中坚力量，最后一批“90后”也将带来消费增长，特别是作为三四线及以下城市的新兴消费主体的“小镇青年”消费潜力不断被释放。“50后”“60后”将推动老龄消费需求快速增长。

消费主体分布结构变化。以三四线甚至五六线城市为主体的消费者将成为推动消费增长的重要力量。相较于一二线城市，“互联网+消费”在中小城市和县域同样得到快速发展。居民消费结构正加快向“服务消费+住行消费”的“双支撑”结构升级。消费的城乡差距不断缩小。新兴消费热点和消费模式不断涌现，推动消费更加多元。

（三）民生需求深刻转变

从物质层面需求为主向物质精神需求并重转变。改革开放以前，我国社会生产力相对落后，人民群众普遍存在不同程度上的物质短缺，社会生产重点关注人民群众的吃穿住用等物质需求。经过四十多年的改革发展，我国稳定解决了十几亿人的温饱问题，即将全面建成小康社会，人民对美好生活需要的领域和重心上将超出物质的层次和范畴，追求物质与精神的双重提升。更加多样化、特色化、个性化的文化、旅游、体育等精神层面的消费需要将重塑社会整体消费结构，深刻改变每一个人的生活方式。

从基本生活需求为主向实现社会价值转变。过去由于我国社会生产力较为落后，人民群众的生活需要主要集中在“吃饱穿暖”的低层次。随着人民收入水平的提高，在实现温饱、步入小康之后，人民群众在吃穿住行以及教育、医疗、养老等基本公共服务方面的支出将不再是制约个人发展的关键瓶颈，越来越多的人开始更加注重人的价值实现，民主意识、公平意识、法治意识、参与意识、监督意识、维权意识不断增强，对经济、政治、文化、社会、生态等各方面的工作参与意愿显著提升，更多人希望通过参与共建共治共享，获得社会的认可和自我价值的提升。

从局部单一需求为主向系统全面需求转变。由于经济社会体制的制约，计划式的社会生产催生了局部的单一的需求结构，已经不适应今天融合化、系统化的社会格局，人民群众的需求不断向多样化、多层次、多方面的方向转变。例如，文化旅游、健康养老等新兴业态打破了传统产业边界，成为新的增长点，工业设计、装备制造等传统领域也越来越受到数字技术、文化创意等现代产业的深刻影响。与此同时，人民群众的需求也从个体的短期的需求，开始向人的全面发展和社会全面进步转变，对个体生活生产环境和社会发展的均衡性更加关注，在民主、法治、公平、正义、安全、环境等方面需求日益增长，幼有所育、学有所教、劳有所得、病有所医、老有所养、住有所居、弱有所扶等方面的需求同步凸显，已经从物质文化领域，扩大到物质文明、精神文明、社会文明、制度文明和生态文明各个领域。

从当前需求为主向利及当前、惠及长远需求转变。改革开放以来，人民群众对公共服务、食品安全、生态环境等方面的关注度越来越高，开始更加注重个人发展以及政治、经济、社会、文化、生态各个领域发展的可持续性，更加注重实现能够留住绿水青山的发展，更加注重实现能够望得见山、看得见水、记得住乡愁的发展，更加注重实现能够吃得放心、用得安心的发展，更加注重实现创新、协调、绿色、开放、共享的发展，更加注重实现能够惠及子孙后代的发展。人们的文化、体育、教育等支出将更加强调内容性、思想性、前瞻性，从而提升素养、培养能力、丰富精神，一般生活性消费支出将呈现出越来越强的发展属性。

（四）群众期待加速升级

优质化。从“有没有”到“好不好”，人民群众对“幸福生活”的定义更加丰富，对民生保障和社会公共服务质量标准的要求更高，渴望得到更好的教育、更稳定的工作、更满意的收入、更可靠的社会保障、更高水平的医疗卫生服务、更舒适的居住条件、更优美的环境、更丰富的精神文化生活。

人性化。从“差不多”到“更舒心”，人民群众不仅满足于“有”和“好”，还要求公共产品和服务贴合人的合理现实需求，能够让人从购买到使用到售后全流程的舒畅，期待着更方便、快捷、智能的服务体验过程。

个性化。从“都一样”到“求不同”，从全国人民基本都一样、主要是期待解决好温饱问题，到各个群体都不一样，人们更倾向于关注个人喜好，希望公共产品和服务能有更多的选择甚至是定制化选择，以体现个人特色和特点。

权益化。从“表诉求”到“有尊严”，人民群众法治观念日益增强，更加重视自身利益的实现和保障，更加重视社会公平正义，越来越多地运用法治思维和法治方式维护自己的合法权益。公益诉讼、慈善救助、权利保障、社会救助等非物质领域和非直接利益相关诉求的民生保障开始受到重视，公共服务清单不断增多，要求进一步完善社会公共服务体系。

第二节

社会公共服务面临新问题

习近平总书记指出，要有强烈的问题意识，以重大问题为导向，抓住关键问题进一步研究思考，着力推动解决我国发展面临的一些突出矛盾和问题[1]。近年来，我国社会公共服务体系不断健全，政策网底进一步兜牢。但从总体发展及微观供给上来看，发展不平衡不充分问题依然突出，还存在不少薄弱环节和发展短板，亟待破解制度障碍和瓶颈约束。

---

[1]《关于〈中共中央关于全面深化改革若干重大问题的决定〉的说明》，《求是》2013年第22期。

一、总体发展不平衡不充分

（一）优质资源总体短缺

随着我国居民收入持续增加，群众对美好生活的需要不断升级，但教育、医疗、养老、托育、文化、体育等诸多领域公共服务供给还停留在兜底线和保基本为主，优质资源总体不足。例如，群众“有学上、看上病”已基本解决，但还远未达到“上好学、良医治”的水平。教育方面，一二线重点城市天价“学区房”让人民群众获得感大打折扣。2018年，我国年出国留学人员66.2万人，比2012年增长66%，低龄留学渐成趋势。人民群众身边的健身设施还较为短缺，健身“去哪儿”的问题尚未得到有效解决。

（二）供需结构失衡突出

资源配置和布局结构不尽合理，城乡之间、区域之间、不同群体之间民生保障水平差距较大，特别是广大农村和中西部地区的公共服务水平偏低、可及性较差，外来务工人员、城乡低收入家庭等群体的基本权益和发展机会尚未得到有效保障。由于资源难以整合、缺乏动态治理、忽视供给优先次序、需求反馈渠道不畅通等问题，政府公共服务供给的针对性和有效性仍然有待提升，“供给真空”和“供给过剩”并存。

从城乡看，随着城镇化进程加快，大量劳动力从农村流向城市，农村人口锐减，部分乡镇卫生院、健身器械、球场、球台、校舍、敬老院、农家书屋等公共服务基础设施处于闲置状态。由于大量外来人口流入，叠加全面两孩政策带来的人口小高峰，城市内部尤其是中心城区的义务教育、医疗卫生等多种资源相对紧缺。农村校园校舍闲置与城镇“大校额”“大班额”问题并存。

从区域看，由于资源禀赋、历史条件和经济发展水平的差异，东部地区公共服务水平明显高于中西部地区，供给效率、管理效率等也优于中西部地区，中西部地区更注重公共服务设施的建设，而东部地区更注重公共服务管理和人的建设。2018年，北京市普通初中生均公共财政预算教育事业费接近6万元，而河南省不到1万元。

（三）管理服务相对粗放

公共服务管理仍然以基层行政区划为基本单位，尚未建立起以网格化、数字化、智能化为主导的统筹层次较高的管理模式，科学化、系统化的标准体系和实施效果评估反馈机制有待健全完善，尚不具备动态适配需求的响应和资源优化配置能力，公共服务“笼统供给”“效率较低”的问题较为普遍，农村公共服务设施“有建无管”问题较突出，不利于解决公共服务供给城乡间、区域间、群体间的不统一、不平衡、不充分之间的矛盾。

二、服务供给有待提质增效

（一）专业化水平有待提升

公共服务包括基础设施的布局和建设，更离不开专业化人才队伍的服务供给。在基础设施建设和硬件配备快速推进的同时，服务人员队伍和人才短缺的问题更加凸显，“重建设、轻运行”“重硬件、轻软件”“重设施、轻人才”的情况在公共服务各领域不同程度存在，保育员、护理员、康复师等专业人才相对短缺，成为公共服务供给的突出短板。城乡教师结构性缺编问题突出，农村师资不足且不断流失，特别是体育、音乐、美术、信息技术等学科教师紧缺，学前教育和职业院校“双师型”教师短缺尤为明显。养老机构服务人员多以下岗失业和退休员工为主，年龄偏大，学历水平偏低，大多没有受过专业训练和系统学习。

（二）便利化程度有待提高

公共服务政策制定和流程设计、服务提供时换位思考意识不足。例如，随着城市发展扩张、乡村调整变化，部分公共服务设施配置未能及时调整，难以有效覆盖区域内居民。一些公共服务事项跨部门、跨区域衔接不畅，办事流程较为烦琐，一站式服务尚未有效落地等。例如，一些地区开展异地就医医保直接结算服务，但在服务流程上还不够便捷，需要事先选定医疗机构备案注册。

（三）智能化应用有待普及

随着互联网、物联网等新技术的进一步发展，如何更好地应用于公共服务领域，为人民群众带来更高效、更满意的服务体验，将是未来一个新的课题和挑战。目前，受制于技术成熟度、前期投入成本较高、缺乏专业应用人才等各方面的约束，公共服务领域的智慧平台建设较为滞后，一些新技术应用服务不能充分发挥便民作用等。例如，各地独立建设远程医疗系统，缺乏统一规划和技术规范，跨地区、跨系统的业务协同尚未实现。家庭、社区医疗机构、健康养老服务机构、专业医疗机构之间尚未实现信息互联互通，居家养老上门服务内容较为单一、覆盖范围有限。

三、体制机制改革仍需攻坚

当前社会公共服务发展不平衡不充分，根源在于公共服务领域财力保障、市场培育、治理体系等体制机制改革还不彻底、不到位，还需进一步加力攻坚克难。

（一）财权事权有待匹配

学前教育、义务教育、基本医疗等贴近基层、贴近百姓的社会公共服务领域，统筹责任很多都落在县级政府。由于不同地方政府的财力和意愿存在差异，造成制度分设、城乡分离、区域分割等问题仍然存在。

（二）市场发育有待成熟

单纯由政府提供的公共服务，往往模式单一、效率偏低，难以满足新时代的差异化需求。当前，社会资本参与公共服务领域的意愿较强，但仍面临较大的体制机制约束。营利性和非营利性分类管理模式有待完善。人才瓶颈加剧社会力量生存难度，民办机构在职称评定和行业声誉等方面与公办机构存在明显差距，难以留住中高端人才，人才“招不来、用不上、留不住”现象比较普遍。

（三）治理体系有待完善

宏观治理方面，布局缺乏规划，反复拆建现象较多，“自下而上”的需求表达、反馈和评价机制尚未成熟，人民群众、社会组织、服务机构等参与公共服务领域政策制定程度还比较低，存在一定程度的供需错位。微观治理方面，公共服务机构现代法人治理体系不健全，决策不能灵活应对市场需求的变化。监督管理方面，权职不清、多头监管、监管不力和监管真空问题较为突出，协同治理机制较为缺乏，从而影响公共服务决策、组织、执行和监督各环节的效率。以互联网医疗为例，医生、患者和互联网医疗平台可能分别位于不同的监管范围，如何统筹监管、明确责任主体，还没有明确的法律法规规定。

第三节

社会公共服务体系建设新要求

面对社会公共服务体系新形势新问题，需要更加精准的公共服务政策体系、更加丰富的公共服务供给内容、更加多元的公共服务渠道保障、更加高效的社会治理体系。

一、更加精准的社会公共服务政策体系

（一）推动规划精细化

针对社会公共服务领域中不同程度存在的优质资源总体短缺、供需结构失衡、管理服务相对粗放的问题，要将社会公共服务总体规划与人口总量、结构、流动趋势的变化相衔接，通过加强制度设

计和政策体系的精细化、协同互动和良性运行的精细化、利益分配和资源供给的精细化等多种途径，既要防止追求效率而不顾公平，也要避免损害效率的公平，为真正需要的民众提供更为精准的公共服务，进一步提高供需匹配的精准度。

（二）加快城乡一体化

要加快对义务教育、社会保障、公共卫生、文化体育、养老托育等制度城乡一体部署，更好地充分有效利用基层社区、卫生室、文化室等公共服务设施等服务场所，因地制宜构建集行政办公、卫生健康、文化体育等功能于一体的基层公共服务平台。对贫困农村地区的民生投入，既要考虑基础设施建设，也要考虑人才、技术、交通、信息等相关配套，确保公共服务供给打通“最后一公里”。逐步推动城乡服务内容和标准统一衔接，实现优质资源在城乡间的流动、延伸和共享，不断满足人民群众对公共服务公平性的现实诉求。

（三）促进区域均衡化

区域发展不协调尤其是东中西发展差距较大，要求社会公共服务政策设计、资金安排、人员配置等方面，立足均衡发展的目标，实施差异化策略，加大社会公共服务资源向基础薄弱区域倾斜力度，发挥先进区域带动后进区域作用，加大典型经验宣传引导，通过一定区域内的均衡发展逐步辐射带动全国层面的均衡发展。

二、更加丰富的社会公共服务供给内容

（一）扩大社会公共服务范围

随着经济发展水平的不断提高，民生需求深刻转变、群众期待加速升级，民生诉求内容持续增多，涉及领域更为广泛，这就要求无论在经济发达的东部地区，还是经济相对落后的中西部地区，社会公共服务供给都应当及时把握趋势性变化特点，结合需要与可能，将社会公共服务范围从仅满足基本生存和发展需要，逐步向人民群众关心的优质教育、高水平医疗卫生、普惠性养老护理服务、多样化公共体育文化服务等拓展。

（二）提高社会公共服务质量

民生需求和群众期待不仅在数量和范围上呈现持续增加趋势，在社会公共服务质量要求上也呈现优质化特点，这就要求社会公共服务供给着眼于提升质量，健全标准、监管和机构管理体系。标准方面，规范资源配置、服务内容、服务流程等标准框架。加强科技创新和互联网、物联网等信息技术应用，促进社会公共服务供给便捷化、智能化发展，进一步提高可及性。监管方面，建立党委领导、政府主责、机构和行业自律组织各司其职的综合监管体系，实施准入、机构运行、服务质量、人员从业等全流程监管，探索实

施新兴业态监管，加强诚信制度建设，强化公众监督，让消费者放心、安心。机构管理方面，要引导社会公共服务机构完善现代法人治理结构，树立服务理念，健全内部质量控制机制。

三、更加多元的社会公共服务渠道保障

（一）夯实政府保基本职责

在经济下行压力加大、财政约束增强的情况下，社会公共服务单一依靠政府投入，难以有效满足人民群众日益增加的服务需求。要正确区分基本与非基本，基本公共服务侧重发挥兜底线、补短板的作用，尽力而为、量力而行，合理引导社会预期，强化政府基本公共服务规划、投入、监管等职责。通过完善财政制度保障系统解决基本民生投入问题，进一步理顺各级政府事权财权划分，促进基层基本公共服务事权财权匹配，加快形成长效机制。深化事业单位改革，逐步形成养事而不直接养人、养机构的机制。

（二）非基本领域社会参与

要探索社会力量参与社会公共服务供给的有效模式，破除社会力量进入非基本公共服务领域的体制机制障碍，深化“放管服”改革，充分发挥市场机制作用，促进成本合理分担，形成扩大供给合力。瞄准潜力大、前景好的热点，加强政策扶持和服务监管，为各

类市场主体营造公平竞争的发展环境，加快发展养老、健康、文化创意、旅游、体育等相关产业。促进各个领域、多种业态相互融合，丰富消费选择。规范引导社会组织参与，使其发挥提供服务、反映诉求、自律行为等积极作用。

四、更加高效的社会治理体制机制

（一）理顺民生工作机制

发挥政府综合部门统筹职能，建立多部门参与的协调机制，总体把握经济建设和社会发展的关系，系统完善民生制度和政策体系，整体规划结构布局，加强标准体系建设，协调推进政策衔接和标准兼容，促进跨行业、跨地区、跨行政层级的资源整合共享。建立健全民生发展水平监测评价和民生工作监督考核体系，加强重大决策、重大政策、重大项目的民生影响和社会风险评估。建立公众常态化反馈评价机制，促进双向互动，充分调动民智民力，推动民生保障和公共服务决策由“政府配餐”向“百姓点菜”转变，显著提高政策针对性和满意度。

（二）注重满足社会心理

随着民生需求从基本生活需求为主向实现社会价值转变、群众期待日益权益化，社会治理体系要进一步处理好政府与社会的关系，在社会公共服务规划编制、政策制定实施、改革推进等过程中，需要更加注重满足人民群众需求，更加注重市场和消费心理分析，更加注重引导社会预期，学会用法治思维和法治方式化解社会矛盾，进一步畅通群众需求表达和反馈机制，推动政府治理和社会自我调节、居民自治良性互动。

（三）推动共建共治共享

当前，居民生产生活方式和社会交往方式日益网络化、虚拟化、平台化，以政府控制和政府管理为主的社会治理方式已经难以适应现代社会发展的需求，这种趋势将推动传统的政府管理加快向社会选择、共同治理转变。在治理理念上，需要从偏重经济治理向经济治理和社会治理协同并重转变，从重刚性约束向管理刚性和服务柔性转变，推动他治、自治和共治相结合。在治理主体上，需要从重政府主导、轻多元参与向政府、社会、个人相结合的多元主体转变，需要处理好提高政府社会治理能力和增强社会自我治理能力的关系，处理好自上而下推行和自下而上创新的关系。在治理实施上，要从重行政干预和多头管理向行政、法律、利益引导和道德舆论等多种手段相结合转变。治理环节从重事后处置、轻源头治理向结果导向和过程监管相结合转变，治理方式从重单向线性向双向互动、多维评估转变，着力健全群众权益保障机制、社会诚信机制、公共安全监管机制和网络舆论引导机制。

第五章

砥砺前行：人民对美好生活的向往就是我们的奋斗目标

带领人民创造幸福生活，是中国共产党始终不渝的奋斗目标。社会公共服务是保障和改善民生的重要内容，关乎民生，连接民心。“十四五”时期，是我国在全面建成小康社会基础上开启全面建设社会主义现代化国家新征程，向第二个百年奋斗目标进军的重要时期。要顺应人民群众对美好生活的向往，坚持和完善统筹城乡的民生保障制度，完善社会公共服务体系，织密扎牢民生保障网，全方位提升公共服务供给水平，充分发挥社会公共服务重要支撑作用，努力让人民过上更加美好的生活。

第一节

社会公共服务体系建设的总体思路

加强社会公共服务体系建设，要在以习近平同志为核心的党中央坚强领导下，深入贯彻习近平新时代中国特色社会主义经济思想，坚持以人民为中心，坚持新发展理念，以改革创新为动力，着力推进社会公共服务供给侧结构性改革，着力补短板、强弱项、提质量，建立统筹城乡、公平可及、服务便利、运行高效、保障有力的社会公共服务体系，不断满足人民对美好生活的向往，为实现“两个一百年”奋斗目标、实现中华民族伟大复兴的中国梦提供有力保证。

一、深入贯彻以人民为中心的发展思想

坚持以人民为中心，是习近平新时代中国特色社会主义思想的

重要内容，具有丰富而深刻的思想内涵，是保障和发展民生的时代引领和行动指南，是建设新时代社会公共服务体系的根本遵循。我们要准确把握坚持以人民为中心的重大意义和深刻内涵，把坚持以人民为中心落到实处。加强社会公共服务体系建设要以习近平新时代中国特色社会主义经济思想为指导，牢牢站稳以人民为中心的根本立场，以增进人民福祉、满足人民群众日益增长的美好生活需要为目标，统筹经济和社会发展，牢牢抓住人民群众最关心最直接最现实的利益问题，正确处理基本和非基本、政府和市场、供给和需求的关系，深入推进社会公共服务供给侧结构性改革，着力补齐基本公共服务短板、增强非基本公共服务弱项、提升公共服务质量水平，切实兜牢基本民生保障网底，不断满足多样化民生需求，充分发挥社会公共服务对保障和改善民生的重要支撑作用，努力增进全体人民在共建共享发展中的获得感、幸福感、安全感，让改革发展成果更多更公平惠及全体人民。

二、牢牢把握社会公共服务体系建设的基本原则

坚守底线、突出重点、完善制度、引导预期，完善社会公共服务体系建设。“十四五”时期，要准确把握经济社会发展基本态势，清醒认识面临的新形势、新问题和新任务，进一步厘清社会公共服务体系建设的基本原则。

（一）坚持党的全面领导

党中央一直把增进民生福祉作为所有工作的出发点和落脚点。中国共产党的领导是中国特色社会主义最本质的特征，是中国特色社会主义制度的最大优势，党是最高政治领导力量。党政军民学、东西南北中，党是领导一切的，必须坚决维护党中央权威，健全总揽全局、协调各方的党的领导制度体系，把党的领导落实到社会公共服务体系建设各方面、各环节。只有坚持党对民生工作的全面领导，才能在更高水平上实现思想上的统一、政治上的团结、行动上的一致，才能确保民生事业发展的正确方向，才能坚定走好中国特色社会主义民生发展道路。

（二）坚持补齐民生短板

不论是巩固全面小康成果，还是实现社会主义现代化目标，社会公共服务体系建设都要以人民为中心，以人民需求为准绳，以解决人民群众最急需、最迫切的实际问题为基本诉求。社会公共服务体系建设要牢牢站稳人民立场，坚持实事求是，坚持问题导向，将更多着眼点放在“雪中送炭”上，紧紧抓住民生底线和短板问题，更多关注基本民生保障的薄弱环节。按照政府兜底保障的标准和水平，优先补齐基本公共服务短板，着力巩固脱贫攻坚成果。认真吸取新冠肺炎疫情经验教训，着力完善重大疫情防控救治体系。采取针对性更强、覆盖面更广、作用更直接、效果更明显的举措，促进公共服务资源向基层延伸、向农村覆盖、向边远地区和生活困难群众倾斜，推进基本公共服务均等化、普惠化、便捷化。坚持靶向治疗、精准施策，在补足设施、设备等“硬短板”的同时，更加注重补齐体制机制、人才队伍等“软短板”。

（三）不断补强突出弱项

城乡社会公共服务体系建设要重心下移，资源投入要更多向基层倾斜，切实改善基层公共服务的设施设备条件。拓宽社会公共服务资金来源，增强县级政府财政保障能力，促进与经济发展水平相适应。政府在做好政策制定、规划引领、环境营造、监管服务的前提下，培育更多行业协会、商会、志愿服务等社会组织，积极鼓励引导社会力量参与。要强化社会公共服务人才保障，扩大专业技能人才、高端管理人才培养规模，引导公共服务人才向基层倾斜，向群众最需要的领域倾斜。

（四）注重提高供给质量

经济已由高速增长阶段转向高质量发展阶段，民生诉求层次不断提升。社会公共服务供给侧结构性改革就是要提高供给质量、提升供给能力，更好满足人民日益增长的美好生活需要。要从民生领域的方方面面入手，推动各领域之间统筹协调、相互融合发展，减少无效供给，扩大有效供给，提高供给结构对需求结构的适应性。创新供给方式，优化资源配置，加快与互联网等新技术深度融合，推动优质服务资源延伸下沉。鼓励社会资本做强做优社会公共服务，不断调整供给结构，扩大服务和产品供给。提高社会公共服务质量要避免脱离实际的追求高标准、高速度、高技术，要在充分考虑国情以及人民群众需求和条件基础上，努力实现供求总体平衡、结构比较合理、发展更为均衡、社会基本满意。

（五）坚持推进改革创新

全面深化改革已进入攻坚期和深水区，社会公共服务领域改革，要进一步解放思想，坚决破除一切束缚社会公共服务体系建设的思想观念和体制机制弊端，突破利益固化的藩篱，抓住主要矛盾和关键环节，精准聚焦现阶段存在的突出问题和痛点难点，回应群众强烈诉求和热切期待，构建系统完备、科学规范、运行有效的制度体系。保持战略定力，最大限度调动一切积极因素，处理好变与不变的关系，不断深化理念创新、制度创新、科技创新。明确政府与市场、政府与社会的合理边界，有效运用市场手段，增加多元供给，促进有序竞争。切实消除体制机制障碍，扩大民生领域开放程度，进一步放宽市场准入，完善市场监管体制。兼顾全国整体性和地方实际差异，因地制宜、先行先试推进社会公共服务改革。

（六）尽力而为量力而行

保障和改善民生要充分考虑经济和财力的可持续性，既要顺应群众需求加大投入力度，又要充分考虑发展阶段、地方实际和财政承受能力，不吊高胃口，不作脱离实际的过度承诺，确保社会公共服务水平在发展中稳步提升、不断完善。区分基本和非基本社会公共服务，政府切实履行保基本职责积极而为，在非基本方面更加注重发挥市场机制作用，创造条件满足多层次、多样化需求。合理引导社会预期，强调通过人人参与、人人尽力，实现人人共享，既要关注回应群众呼声，也不能超越发展阶段，防止过度福利化倾向。

（七）完善基本制度安排

顺应新时代发展趋势，进一步构建和完善社会公共服务制度体系。注重法治保障，确保社会公共服务体系建设有法可依，始终在法治轨道上运行。注重制度衔接，不断提高基本制度的统筹层次，中央和省级政府在资源配置、标准完善、运行管理上要发挥更大的统筹作用。注重城乡统筹，加快建立城乡一体化的管理服务体制和资源配置机制，不断提升农村社会公共服务发展水平，实现优质资源在城乡间的流动、延伸和共享。注重资源统筹，进一步打破行业分割、地区分割、行政层级分割，提高资源利用效率和政策实施效果。注重绩效评估，建立健全社会公共服务发展水平监测评价和工作监督考核体系，建立激励和约束机制，加强重大决策、重大政策、重大项目的民生影响和社会风险评估。

（八）发挥政府主导作用

发挥政府主导作用是坚持保障和改善民生的必然要求。必须适应社会主要矛盾变化提出的新要求，不断强化政府公共服务职能，坚持保障标准合理适度，坚持差别化分担，健全部门协调配合机制，优化政府在教育文化、就业收入、医疗卫生、社会保障等方面的职能，把该放的权放足放到位，该管的事管好管到位，该提供的公共服务提供到位，推动民生事业实现更高质量、更有效率、更加公平、更可持续的发展。按照权责一致的原则，理顺中央和地方民生保障权责关系，优化政府间事权和财权划分，建立权责清晰、财力协调、区域均衡的中央和地方财政关系，形成稳定的各级政府事权、支出责任和财力相适应的制度，构建中央到地方权责清晰、运行顺畅、充满活力的民生保障工作体系。

三、努力满足人民群众美好生活的需要

大力推进基本公共服务均等化、标准化，着力保障重点群体社会公共服务，加大社会公共服务供给，不断优化资源布局，完善保障机制，提升服务质量与水平。展望“十四五”，社会公共服务体系建设的主要目标是：

（一）社会公共服务制度更加规范完善

社会公共服务实施机制更加完善，公共资源配置更加优化，保障全民基本生存发展需求的制度性安排更加规范更加定型。运行机制高效可持续、更稳定、更管用，社会公共服务财政投入与经济发

展水平相适应，财政保障机制比较成熟，投入结构更加合理，资金使用效率不断提高。从业人员队伍规模不断壮大，职业素质不断提升，人才流动更加便利。综合监管更加健全，政府、机构、行业自律组织等监管责任分工更加明晰，监管流程更加透明规范，诚信制度建设深入人心，社会监督更加有力，综合监管结果协同应用运转良好。

（二）基本公共服务均等化程度明显提升

覆盖全民、普惠共享、城乡一体的基本公共服务体系更加健全，普惠性、基础性、兜底性基本公共服务更加丰富，群众基本民生需求得到充足保障。基本公共服务资源布局与区域功能和人口分布协调性明显提升，居民获得基本公共服务的机会更加均等，服务水平实现大体一致。国家基本公共服务项目覆盖所有目标人群，基本公共服务主要指标在城乡、地区、人群之间的差距明显缩小，人人享有方便可及的基本公共服务。

（三）社会公共服务供给质量不断改善

社会公共服务质量标准体系全面建立，服务保障水平不断提升，优质资源总量不断增加，服务内容更加丰富。社会公共服务供给与需求对接更加精准，优质资源不断增效扩容，人民群众获得的服务更加高效便捷。社会公共服务方式更加智能，更加贴近实际、贴近生活、贴近群众，服务成本个人负担比率合理下降，群众需求表达、反馈和评价机制更加通畅，政府治理和社会自我调节、居民自治间的互动更加充分。

（四）社会公共服务供给方式更加多元化

社会公共服务供给结构更加合理，政府保障基本、社会积极参与、全民共建共享的社会公共服务格局不断完善。在政府发挥主导作用的同时，社会参与更加广泛，市场机制作用更加充分，社会力量和市场主体提供的公共服务实现付费可享有、价格可承受、质量有保障、安全有监管。社会公共服务有效供给逐步扩大，方式不断创新，人民群众公共服务体验不断改善。

第二节

建立健全均等可及的基本公共服务体系

享有基本公共服务是公民的基本权利，保障人人享有基本公共服务是政府的重要职责。推进基本公共服务均等化，是全面建成小康社会的应有之义。“十四五”时期，加强基本公共服务体系建设，要强化政府在基本民生保障中的主体地位，坚持以普惠性、保基本、均等化、可及性、可持续为方向，健全国家基本公共服务制度，完善服务项目和基本标准，强化公共资源投入保障，提高共建能力和共享水平，推动基本公共服务均等化取得明显进展。

一、健全国家基本公共服务制度体系

健全幼有所育、学有所教、劳有所得、病有所医、老有所养、

住有所居、弱有所扶等方面国家基本公共服务制度体系，注重加强普惠性、基础性、兜底性民生建设，保障群众基本生活。

（一）推进基本公共服务标准体系建设

标准化在加强基本公共服务体系建设中发挥着基础性、引领性作用。要建立系统完善、层次分明、衔接配套、科学适用的基本公共服务标准体系，推动基本公共服务标准化理念融入政府治理，标准化手段得到普及应用。制定实施国家基本公共服务标准，明确基本公共服务底线标准，完善部门相关标准规范，细化地区基本公共服务实施标准，推动基层服务机构标准化管理。各级各类标准水平要衔接平衡、大体一致。研究制定基本公共服务标准动态调整管理办法，推动基本公共服务标准动态调整常态化、制度化。

（二）加强基本公共服务保障能力建设

坚持激活存量、用好增量，统筹整合基本公共服务资源，加快建立“资源随人走”的基本公共服务资源投入机制，推动实现“人走到哪里，基本公共服务资源就跟进到哪里”，切实提高基本公共服务资源利用效率。坚持完善政府购买服务制度，增强基层政府在购买基本公共服务方面的自主权，逐步规范并丰富政府购买服务方式，充分调动社会力量参与基本公共服务供给的积极性，提升基本公共服务质量。坚持职业化、专业化方向，完善基层公共服务人员工资待遇、职称评定、医疗保险及养老保障等激励政策，健全从业人员教育培训机制，优化编制资源配置，不断壮大基层公共服务队伍。

（三）健全基本公共服务供需衔接机制

健全基本公共服务需求表达和反馈机制。细致甄别、及时掌握民生诉求，定期开展基本公共服务需求分析和满意度调查，实施基本公共服务清单式管理，建立基本公共服务均等化评价指标体系，完善基本公共服务标准达标评价制度，用好评价结果。根据经济发展阶段、财政保障能力以及民生发展规律和趋势，科学合理地调整基本公共服务范围和供给水平，提高基本公共服务精细化管理水平，精准供给。加强基本公共服务需求侧管理，进一步强化民生预期引导力度，推动实现国家基本公共服务标准动态调整与民生需求变化“同频共振”。

二、加快补齐基本公共服务短板

补齐基本公共服务短板，促进基本公共服务资源向基层延伸、向农村覆盖、向边远地区和生活困难群众倾斜，持续推进城乡、区域、人群间基本公共服务均等化。

（一）持续推进城乡基本公共服务均等化

加快基本公共服务制度城乡一体设计、一体实施，推动城乡服务内容和服务标准统一衔接，逐步建立健全全民覆盖、普惠共享、城乡一体的基本公共服务体系。促进城乡基本公共服务资源公平配置，加大农村基本公共服务支持力度，完善配套政策，强化政策协调，鼓励和引导城镇基本公共服务资源向农村延伸，促进城市优质资源向农村辐射，健全城市支援农村公共服务建设的长效机制。充分利用信息技术、流动服务等手段，促进资源共享，提升农村地区基本公共服务质量。

（二）大幅缩小区域基本公共服务差距

加大对贫困地区、革命老区、民族地区、边疆地区和集中连片特殊困难地区财政投入和公共资源配置力度，政府基本公共服务投资项目优先向这些地区倾斜，推动形成定向援助、对口支援等长效机制，逐步提高落后地区的基本公共服务保障水平，缩小地区间差距。建立健全区域基本公共服务均等化协调机制，着力加强省级政府推进省域内基本公共服务均等化的统筹职能，做好投资、财税、产业、土地和人口等政策的配套协调。强化跨区域统筹合作，促进基本公共服务项目和标准水平衔接，推动具备条件的地区率先实现基本公共服务一体化发展。

（三）推动基本公共服务常住人口全覆盖

健全以流入地为主的流动人口基本公共服务供给制度，逐步实现基本公共服务由户籍人口向常住人口扩展，有序实现流动人口在常住地便捷享有基本公共服务。结合户籍管理制度改革和完善农村土地管理制度，逐步将基本公共服务领域各项法律法规和政策与户口性质相脱离，加大对农业转移人口市民化的财政支持力度并建立动态调整机制，完善异地结算、钱随人走等相关制度安排，保障符合条件的外来人口与本地居民平等享有基本公共服务，提高流动人口融入城市的能力。

三、大幅提高基本公共服务可及性

（一）推动优质服务资源向基层延伸下沉

在明确服务标准规范的基础上，强化街道、乡镇和社区的基本公共服务职能，加强人财物方面的保障力度，持续改善基层各类公共服务设施条件，推动基层综合公共服务平台统筹发展、共建共享。要给予基层充足的自主权和适度的灵活性，提升服务效能。充分发挥县城的支点作用，重点加强县城公共服务资源投入力度，提高县城公共服务机构对基层的辐射带动能力，打造以县城为中心的15公里“县乡服务圈”。对于村庄内部的公共服务投入，要顺应乡村分化发展的大趋势，重点向条件基础好、发展潜力大、人口集聚能力强的村庄布局，重点保障义务教育、公共卫生与基本医疗服务、公共文化和基本社会保障等基本公共服务项目。

（二）提高基本公共服务便利化水平

合理规划布局基本公共服务网点，优化基本公共服务资源配置，增强偏远地区流动服务能力，因地制宜、科学设置城镇、乡村的不同基本公共服务半径。推动基本公共服务与社会治理深度融合，实现社区综合服务中心等基层公共服务供给站点与以社区网格员为主体搭建的社会治理网络有机结合，打通基本公共服务资源落地“最后一公里”，有效延伸至千家万户。推进信息化应用，对于偏远、地广人稀、边境等特殊地区，因地制宜开展流动服务、远程服务，实现便捷享有。适应信息化发展趋势，推动基本公共服务与互联网、大数据等新技术手段融合，推进基本公共服务数据资源跨部门、跨领域融合共享，为不断提高基本公共服务便捷可及程度提供有力支撑。

第三节

构筑人口均衡发展格局

在未来相当长时期内，我国人口众多的基本国情不会根本改变，人口对经济社会发展的压力不会根本改变，人口与资源环境的紧张关系不会根本改变，人口问题始终是我国面临的全局性、长期性、战略性问题。人口的趋势性变化，将对经济社会发展产生全面、深刻、长远的影响。“十四五”时期，要立足当下、着眼长远，科学研判人口发展形势和变动态势，切实将人口融入经济社会政策各个环节，以“一老一小”为重点完善人口服务体系，促进家庭和谐稳定，推动实现人口与经济社会、资源环境协调发展。

一、促进人口长期均衡发展

强化人口发展的战略地位和基础作用，创造有利于发展的人口总量势能、素质资本、空间分布等叠加优势，坚持综合施策，保障重点人群共享发展，推动人的全面发展，为实现中华民族永续发展奠定基础。

（一）保持人口总量势能优势

在较长时期内保持我国人口总量规模优势，将提供强劲的内需支撑和劳动力要素保障。要完善生育支持、幼儿养育、青少年发展、老人赡养、病残照料等家庭发展政策，切实减轻生养子女负担。合理配置公共服务资源，加快补齐服务短板，有效扩大普惠性服务。密切关注生育水平过高和过低地区人口发展态势，加强分类指导，因地制宜、综合施策。科学评估经济增长和社会发展对生育行为的影响，密切监测生育水平变动态势，做好政策储备。

（二）大力提升人口素质水平

把提高人口素质作为长期坚持的人口发展战略，建立覆盖生命全周期的人力资本投资和公共服务保障机制。加强出生缺陷综合防治，加大婚检、孕检、产前筛查和新生儿筛查力度，提高出生质量。加快推进教育现代化，建设全民终身学习型社会，提高教育素质。深入推进“健康中国”建设，坚持基本医疗卫生服务的公益性，构建与老龄化和城镇化相适应的医疗卫生服务体系，提高健康素质。坚持以社会主义核心价值观引领文化建设，提高文明素养。

（三）持续优化人口空间布局

推进新型城镇化建设，促进大中小城市和小城镇协调发展，推动人口合理有序集聚，使人口分布与国家区域发展战略相适应。深化户籍制度改革，放开放宽除个别超大城市外的城市落户限制，试行以经常居住地登记户口制度，建立基本公共服务与常住人口挂钩机制，推动公共资源按常住人口规模配置。制定和完善与主体功能区相配套的人口政策，大力推行绿色生产生活方式，着力改善人口资源环境紧平衡。多措并举稳住边境人口适度规模，保障边境地区稳定发展。

（四）保障重点人群共享发展

妇女、儿童、残疾人和贫困人口是人口发展中必须特别关注的重点人群，要构建管长远的制度框架，制定针对性的政策措施，创造条件让重点人群共享发展成果。坚持男女平等基本国策，将性别平等全面纳入法律体系和公共政策，发展适度普惠的儿童福利制度，促进妇女全面发展和未成年人保护。增强残疾人制度化保障服务能力，全面实施困难残疾人生活补贴制度和重度残疾人护理补贴制度，健全残疾人托养照料和康复服务体系，保障残疾人合法权益。夯实特殊贫困群体稳定脱贫基础，巩固脱贫成果防止返贫，建立解决相对贫困长效机制。

（五）促进人口与发展综合决策

结合第七次人口普查，加强人口基础信息采集和统计，改革完善人口统计体系，提高数据质量，丰富数据产品，促进开放利用。加快完善人口基础数据库建设，促进部门间人口数据共享，推进人口大数据的研究应用，监测和评估人口变动情况及趋势影响。深化人口发展战略研究，建立人口预测预报制度，加强人口安全风险防控，不断完善人口与发展综合决策机制。

二、积极应对人口老龄化

人口老龄化是社会发展的重要趋势，是人类文明进步的体现，也是今后较长一段时期我国的基本国情。要按照党中央、国务院决策部署，坚持积极应对、共建共享、量力适度、创新开放的基本原则，走出一条中国特色应对人口老龄化道路。

（一）夯实社会财富储备

要通过保持经济持续稳定增长，优化经济发展结构，提高经济发展质量效益，增强应对人口老龄化的经济基础，促进经济发展与人口老龄化进程相适应。通过完善国民收入分配体系，加大财政支持力度，促进企业财富积累与合理分配，鼓励家庭、个人建立养老财富储备，稳步增加全社会的养老财富储备。注重提高社会保障能力，加快建立覆盖全民、城乡统筹、权责清晰、保障适度、可持续的多层次养老保险制度，健全老有所医的医疗保障制度，建立多层次长期照护保障制度，实施兜底性长期照护服务保障行动计划。

（二）改善劳动力有效供给

全面提高人力资源素质，加快完善国民教育体系，着力培养具有国际竞争力的创新型、复合型、应用型、技能型人才和高素质劳动者，推行终身职业技能培训制度。推进人力资源开发利用，进一步完善统一开放、竞争有序的人力资源市场，创造老有所为的就业环境，构建为老服务人才队伍，有效运用国内国际两个市场和两种资源扩大劳动力供给，确保积极应对人口老龄化的人力资源总量足、素质高。

（三）扩大为老服务产品供给

提升居家社区养老品质，强化养老机构服务能力，推进医养有机结合，加快建设居家社区机构相协调、医养康养相结合的养老服务体系。积极推进健康中国建设，打造高质量的健康服务体系，建立和完善包括健康教育、预防保健、疾病诊治、康复护理、长期照护、安宁疗护的综合、连续的老年健康服务体系。积极开发适老生活用品市场，加快发展老年功能代偿产品市场，创新开发智慧健康产品，大力发展银色经济。

（四）强化科技创新能力支撑

把技术创新作为积极应对人口老龄化的第一动力和战略支撑，依靠科技创新化解人口老龄化给经济社会发展带来的挑战。增强科技支撑能力，依靠科技创新引领产业升级，转变经济增长的动力机制，推动我国产业迈向全球价值链中高端。发展劳动力替代及增强技术，大力发展物联网、云计算、人工智能、机器人等新技术、新设备，推动科技创新成为经济社会发展新引擎。提高老年服务科技化水平，加大老年健康科技支撑力度，加快推动老年医学科技发展，促进生物技术和信息技术融合发展。加强老年辅助技术研发和应用，为老年人功能退化缺损提供智能科技代偿，以技术创新增进老龄群体的社会参与。融合移动互联网、大数据、可穿戴、云计算等新一代信息技术，为老年人提供信息化的主动健康管理服务。

（五）构建老年友好社会环境

要构建养老孝老敬老的社会环境，在全社会大力提倡尊敬老人、关爱老人、赡养老人。聚焦全民意识提高和全社会自觉参与，打造老年人、家庭、社会和政府共同参与的老年友好型社会。加大普法宣传教育力度，完善老年人法律服务和法律援助，加强老年人权益保障。优化家庭发展环境，推进幸福家庭创建，完善家庭赡养老人的支持体系。打造老年宜居环境，丰富老有所乐的精神文化生活，健全老年人社会优待制度体系。

三、优化儿童发展环境

少年儿童是祖国的未来，是中华民族的希望，培养好少年儿童是一项战略任务，事关长远。要进一步推动儿童优先发展，建立我国婴幼儿照护支持政策体系，完善家庭支持政策，发挥社区照护支撑作用，扩大托育服务多元化供给，补齐“幼有所育”发展短板，加快构建儿童友好型社会，为儿童健康成长营造良好环境。

（一）加强家庭照护支持

全面落实产假政策，鼓励用人单位采取灵活安排工作时间等积极措施，为家庭婴幼儿照护提供便利。提供信息服务、就业指导和职业技能培训，支持脱产照护婴幼儿的父母重返工作岗位。依托妇幼保健、公共卫生、学前教育、社区工作、计划生育、妇联等基层力量，完善家庭育儿指导支持体系。鼓励企业和社会组织参与，建立专业化、职业化人才队伍，采取入户指导、亲子活动、家长课堂等形式，利用互联网等信息化手段，增强家庭科学育儿能力。

（二）加大社区照护支持力度

按照标准和规范在新建居住区规划、建设与常住人口规模相适应的托育服务设施及配套安全设施，与住宅同步规划、同步建设、同步验收、同步交付使用。无托育服务设施的老城区和已建成居住区，要限期通过购置、置换、租赁等方式补齐设施短板。鼓励通过市场化方式，采取公建民营、民办公助等多种方式，在就业人群密集的产业聚集区域和用人单位完善托育服务设施。在城乡社区综合服务设施内设置托育服务功能，引入社会力量提供托育服务。加大对农村和贫困地区婴幼儿照护服务的支持力度，提高婴幼儿早期发展服务能力。

（三）发展多元化托育服务

开展支持社会力量发展普惠托育服务专项行动，支持建设一批综合性普惠托育机构和社区托育服务设施，支持用人单位在工作场所为职工提供托育服务。建立健全托育服务的标准规范体系，加强托育服务机构专业化、规范化、品牌化、连锁化建设，大力发展全日托、计时托、临时托等多样化服务，不断提高托育服务质量。运用互联网等手段对托育服务机构的服务过程加强监管，依法逐步实行工作人员职业资格准入制度。

（四）建设儿童友好型城市

社会治理和城市建设必须重视儿童视角，保障儿童参与公共事务和城市发展权利，在发展规划制定和公共资源配置上，优先考虑儿童需求，优先保障儿童需要。结合推进新型城镇化，支持一批基础较好、改革意愿强的城市，试点建设儿童友好城市。分类制定建设指引，合理改造公园、学校、医院、街区、广场、道路等，建设一批儿童中心，为儿童娱乐活动、交通出行提供更多安全和相对独立的室内外公共空间，探索学校游戏场地非教学时段开放机制。优化儿童就医环境，建立儿童就医便捷通道，改扩建儿童友好型图书馆、文化馆、博物馆。调动社会资源积极参与，推动优质托育、学前教育、家政服务、体育健身资源进社区。开展“一带一路”沿线国家儿童友好城市交流，以儿童友好促进民心相通。

第四节

构建终身学习的教育体系

建设教育强国是中华民族伟大复兴的基础工程。党的十九大从新时代坚持和发展中国特色社会主义的战略高度，做出了优先发展教育事业、加快教育现代化、建设教育强国的重大部署。“十四五”时期，我们要始终坚持党的教育方针，着眼实现“两个一百年”奋斗目标，培养德智体美劳全面发展的社会主义建设者和接班人，推动教育事业更加公平、更高质量发展，加快提升教育现代化水平，加快教育强国建设步伐，办好人民满意的教育。

一、实现基本公共教育优质均衡发展

基本公共教育服务均等化是教育现代化的基本要求。要建立健

全基本公共教育资源均衡配置机制，逐步缩小区域、城乡、校际差距，推进城乡义务教育一体化，聚焦最困难的地方，加大对困难群体精准帮扶力度，努力让全体人民享有更公平的教育。

（一）推进义务教育优质均衡发展

提升义务教育均等化水平，尤其要由基本均衡向优质均衡迈进。推进义务教育学校标准化建设，改善乡村小规模学校和乡镇寄宿制学校办学条件。优化教育资源配置，按城镇化总体规划和常住人口规模优化学校布局，加快城镇学校扩容增位。推进城乡义务教育均衡发展，健全城乡一体化的学校师资配置、经费保障、督导评估等机制。保障符合条件随迁子女能在居住地就学，逐步推进随迁子女入学待遇同城化。进一步做好义务教育控辍保学工作，减少学生非智力因素辍学和隐性辍学。巩固提升教育脱贫攻坚成果，健全义务教育有保障长效机制，阻断贫困代际传递。研究深化巩固教育扶贫扶智成果的具体内容和项目。加大新基建投入力度，支持网络教育在农村“最后一公里”设施建设。支持鼓励、引导规范社会力量参与薄弱地区教育扶智，加大对“三区三州”等贫困地区和农村地区倾斜支持。全面推进融合教育发展，保障具备条件的残疾儿童在普通学校就学。

（二）促进学前教育普及普惠发展

推动建立政府主导、社会参与、公办民办并举的办园体制，多渠道增加普惠性学前教育资源供给。支持利用有条件的公共服务设施改扩建公办园，规范城镇小区配套幼儿园建设。通过购买服务、财政奖补等多种方式支持优质普惠学前教育资源扩容。进一步完善普惠性幼儿园认定标准、补助标准及扶持政策。通过购买服务、减免租金、综合奖补、教师交流培训等方式，支持普惠性民办园发展。重点扩大农村地区、脱贫攻坚地区、新增人口集中地区优质普惠学前教育资源。进一步落实国务院领导、省市统筹、以县为主的学前教育管理体制，明确地方各级政府发展学前教育的责任。健全学前教育投入和成本分担机制、师资保障机制。加强规范管理，推进学前教育办园质量提升。

（三）推动普通高中优质特色发展

全面实施高中阶段教育普及攻坚计划。逐步推广普通高校考试招生制度综合改革，规范学业水平考试、深化考试命题改革，完善综合素质评价，构建全面培养体系。强化条件保障，有序推进选课走班，深化课堂教学改革，实现教、学、考、招的有效衔接。巩固高中阶段教育普及成果，完善普通高中办学质量评价，探索综合高中、科技高中、人文特色高中等模式，推动普通高中高质量有特色发展。

二、提升高素质人才培养水平

人才培养是教育的首要任务，一流的人才培养水平是衡量教育现代化的重要标志。建设现代职业教育体系，推进高等教育内涵式发展，办好我国的职业院校和高等学校，要牢牢抓住全面提高人才培养能力这个核心点，进一步提升创新人才和职业人才培养能力，不断满足我国对各方面高素质、高层次人才的需要。

（一）深化职业教育产教融合

强化中等职业教育的基础性作用，保持高中阶段教育普职比大体相当，提高教育教学质量和吸引力。建设一批高水平的高职院校和专业，优化高等职业教育专业设置和区域布局。深入开展本科层次职业教育试点，探索长学制培养高端技术技能人才。完善普通本科高校向应用型转变的激励措施和评价办法，鼓励有条件的普通高校开办应用技术类型专业或课程。深化产教融合改革，创建国家产教融合型城市，推动建设开放型、共享型、智慧型产教融合实训基地，深化校企合作协同育人改革，培育数以万计的产教融合型企业。完善职业教育国家标准，推进“1+X”证书制度试点，推动职业教育与产业发展的有效衔接。

（二）推进高等教育改革创新

推进高等教育分类管理和高等学校综合改革，促进研究型、应用型、职业技能型高校科学定位、特色发展，构建更加多元的高等教育体系。加快世界一流大学和一流学科建设，加强基础研究，增强高校科技创新的源头供给能力。适应国家重大战略需求，优化区域高等教育资源布局，全面推进中西部高等教育振兴。进一步优化学科结构和专业设置，引导培养国家急需紧缺领域人才。布局建设高水平公共卫生学院。健全高等教育协作机制。提升高校哲学社会科学研究水平。健全有利于激发创新活力和促进科技成果转化的高校科研体制。

三、打造高素质专业化教师队伍

兴国必先强师。国家繁荣、民族振兴、教育发展，需要大力培养造就一支师德高尚、业务精湛、结构合理、充满活力的高素质专业化教师队伍。要遵循教育规律和教师成长发展规律，建立高水平高素质专业化创新型教师队伍。

（一）加快培养高水平教师

教师的工作是塑造灵魂、塑造生命、塑造人的工作。好老师不是天生的，而是在教学管理实践中、在教育改革发展中锻炼成长起来的。要大力振兴教师教育，不断提升教师专业素质能力。继续加大对师范院校支持力度，支持高水平综合大学开展教师教育。提高各级各类教师培养层次，提升教师培养质量。探索更高层次的公费师范生培养。支持高水平工科大学举办职业技术师范专业，建立高等学校、行业企业联合培养“双师型”教师机制。着力提升思想政治素质，全面加强师德师风建设。大力开展教师信息技术应用能力培训，提升教师信息化素养。

（二）深化教师管理制度改革

创新和规范中小学教师编制配备，出台公办幼儿园教师编制标准。优化义务教育教师资源配置，推进义务教育教师“县管校聘”管理改革，支持有条件的地方探索急需紧缺教师“多点施教”。制定中职学校“双师型”教师认定标准，在职称评审和考核评价等环节实行技能水平和专业教学能力并重。破除高等学校教师评价中的“五唯”机制和问题，以增加知识价值为导向扩大高校收入分配自主权。

（三）大幅提高教师地位待遇

进一步完善教师待遇提升保障机制，明显增强教师职业吸引力，真正让教师成为令人羡慕的职业。明确教师的特别重要地位，健全中小学教师绩效工资随当地公务员工资同步调整的联动机制，以提高特级教师津贴、教龄津贴标准和奖励性绩效工资占比为重点，加快推动义务教育教师工资落实。深入实施乡村教师支持计划，关心乡村教师生活。认真落实艰苦边远地区津贴等政策，有条件的地方可以提高补助标准，努力惠及更多乡村教师。

四、加快建设全民终身学习型社会

加快建设学习型社会是教育现代化的迫切要求。要以学习者为中心，推动教育变革和创新，构建服务全民终身学习的教育体系，建设“人人皆学、处处能学、时时可学”的学习型社会，努力让所有人享有受教育的机会。

（一）畅通人才成长通道

完善职业教育、高等教育、继续教育统筹协调发展机制，畅通转换渠道，使学习者都有机会通过直接升学、先就业再升学、边就业边学习等多重方式成长成才。完善招生入学、弹性学习制度，构建衔接沟通各级各类教育、认可多种学习成果的终身学习“立交桥”。大力推进中高职衔接、普职融通。拓宽学历教育渠道，鼓励学校和社会力量不断创新服务形式，为所有学习者提升学历水平提供更加便利的教育服务。

（二）搭建终身学习平台

整合教育信息化资源，建立开放共享的终身学习线上服务平台，为各年龄段学习者提供综合性学习场所和个性化学习服务。发展“互联网+教育”，加强数字化特色课程研发，强化线上资源推广应用，推动精准定制化教育服务向薄弱地区、薄弱学校延伸，努力扩大优质教育资源覆盖面。发挥网络教育和人工智能优势，创新教育和学习方式。依托云计算、大数据等建立智能教学系统，发展交互式、个性化教学模式，满足不同学段情景下教育质量的提升需求。创新开放灵活的全民学习方式，加快发展更加方便可及、线上线下融合的教育网络，完善“学分银行”建设，加快实现学习成果的认定、积累和转换。

五、持续深化教育体制机制改革

推进教育现代化发展关键靠改革。有条件的地区，要聚焦重点领域和关键环节，探索新的体制机制，及时总结推广基层改革创新经验，以点带面、示范引领，通过教育综合改革系统推进国家教育现代化建设。

（一）稳妥推进考试招生制度改革

考试招生制度是国家基本教育制度，是教育改革牵一发而动全身的重点领域和关键环节。要坚定高考改革方向，因地制宜制定高考综合改革方案。深化考试内容改革，更好地引导和发展素质教育。完善普通高中学业水平考试制度，改进学生综合素质档案记录方式。加快形成考试招生与人才培养的有效联动机制。进一步扩大高职分类招考。进一步落实和完善进城务工人员随迁子女在当地参加升学考试的政策措施。

（二）深化教育评价制度改革

聚焦“教好”、“学好”和“管好”，建立更加科学的教育评价导向，从根本上解决评价指挥棒的问题。按照立德树人的要求，扎根中国、融通中外，针对不同教育领域、不同学段特点，对各主体分门别类开展评价制度改革，建立多元多层、科学有效的中国特色教育评价制度。增强教育督导权威性、严肃性和威慑力，以优化管理体制、完善运行机制、强化结果运用为突破口，不断提高教育督导质量和水平。

（三）推进教育治理能力现代化

现代教育治理体系是教育现代化的重要保障。要转变政府职能，深化简政放权，强化监管能力，创新服务方式，坚持依法治教、依法办学、依法治校，建立多元参与的协同治理新机制，实现教育治理的法治化、制度化、规范化。各地要健全教育法律实施和监管机制，加大政府教育统筹力度。进一步扩大和落实学校在人员招聘、专业技术职务评审、经费使用、待遇分配、绩效奖励等方面的办学自主权，激发学校办学活力。有序引导社会参与教育治理。

第五节

完善优质高效的医疗服务体系

人民健康是社会文明进步的基础。推进健康中国建设，提高人民健康水平，是以习近平同志为核心的党中央对人民的郑重承诺。“十四五”期间，要全面贯彻落实新时代党的卫生健康工作方针，强化提高人民健康水平的制度保障，坚持预防为主，稳步发展公共卫生服务体系，推进卫生健康供给侧结构性改革，更加注重资源下沉、整合协作和优化升级，更加注重中西医并重与优势互补，加快构建完善优质高效的公共卫生和医疗服务体系，提升全方位、全周期健康服务能力。

一、健全公共卫生服务体系

疾病预防控制体系是保护人民健康、保障公共卫生安全、维护经济社会稳定的重要保障。这次应对疫情中，充分暴露出我国在重大疫情防控体制机制、公共卫生应急管理体系等方面存在的明显短板，要总结经验、吸取教训，深入研究如何强化公共卫生法治保障等重大问题。

（一）强化公共卫生法治保障

全面加强公共卫生领域相关法律法规建设，认真评估传染病防治法、野生动物保护法等法律法规的修改完善，把此次疫情期间的重要工作经验上升为法律制度。将生物安全纳入国家安全体系，系统规划国家生物安全风险防控和治理体系建设，全面提高国家生物安全治理能力。尽快推动出台生物安全法，加快构建国家生物安全法律法规体系、制度保障体系。

（二）改革完善疾病预防控制体系

坚持预防为主，推动关口前移，坚决避免小病酿成大疫。完善各级疾病预防控制机构功能定位，科学合理核定编制，确保足额配备。整合区域公共卫生服务资源，夯实基层网点，足额落实财政保障政策，完善补偿机制，提升管理和服务能力，改革疾控机构绩效评价机制。健全重大疫情应急响应机制，建立集中统一高效的领导指挥体系。强化风险意识，完善公共卫生重大风险研判、评估、决策、防控协同机制。加强科学研究、疾病控制、临床治疗等分工协作，完善突发重特大疫情防控规范和应急救治管理办法。运用大数据、人工智能、云计算等数字技术，在疫情监测分析、病毒溯源、防控救治、资源调配等方面更好发挥支撑作用。

（三）完善重大疫情防控救治体系

改革完善重大疫情防控救治体系，事关人民生命安全，事关社会大局稳定。健全优化重大疫情救治体系，建立健全分级、分层、分流的传染病等重大疫情救治机制。全面加强公立医院传染病救治能力建设，完善综合医院传染病防治设施建设标准，提升应急医疗救治储备能力。以城市社区和农村基层、边境口岸城市、县级医院和中医院为重点，完善城乡三级医疗服务网络。加强国家医学中心、区域医疗中心等基地建设，提升重大传染病救治能力。坚持中西医并重，加强中医药服务体系建设，提高中医院应急和救治能力，打造高水平的国家中医疫病防治队伍，推动中西医药相互补充、协调发展。

（四）健全重大公共卫生事件医保救助制度

重大疾病医疗保险和救助制度在我国基本医疗保障体系中发挥着“托底”作用，是人民至上、生命至上的重要体现。要健全应急医疗救助机制，在突发疫情等紧急情况时，确保医疗机构先救治、后收费，并完善医保异地即时结算制度。探索建立特殊群体、特定疾病医药费豁免制度。统筹基本医疗保险基金和公共卫生服务资金使用，实现公共卫生服务和医疗服务有效衔接。

（五）健全应急物资保障体系

打疫情防控阻击战，实际上也是打后勤保障战。必须加快健全应急物资保障体系，把应急物资保障作为国家应急管理体系建设的重要内容，抓紧完善相关工作机制和应急预案。优化重要应急物资产能保障和区域布局，做到关键时刻调得出、用得上。健全国家储备体系。建立国家统一的应急物资采购供应体系，推动应急物资供应保障网更加高效安全可控。

二、推动优质医疗资源均衡发展

医疗卫生服务直接关系人民身体健康。要推动医疗卫生工作重心下移、医疗卫生资源下沉，推动城乡基本公共服务均等化，重点推进卫生健康服务资源扩容下沉、优化结构、均衡布局，不断夯实基层服务“网底”。

（一）均衡优化医疗资源布局

制定实施整合型医疗卫生服务体系规划，优化医疗卫生资源配置。推进县和市域内基本医疗卫生资源按常住人口和服务半径合理布局，实现人人享有均等化的基本医疗卫生服务。省级及以上分区域统筹配置，整合推进区域医疗资源共享，基本实现优质医疗卫生资源配置均衡化。省域内人人享有均质化的危急重症、疑难病症诊疗和专科医疗服务。加强康复、老年病、长期护理、慢性病管理、安宁疗护等接续性医疗机构建设。

（二）加大优质医疗资源供给

聚焦重点疾病和薄弱地区，持续推动国家医学中心和区域医疗中心建设，在学科建设、大型仪器设备购置、特需服务、新技术应用等方面予以倾斜，发挥辐射带动作用，推动优质医疗资源集团化、品牌化发展，力争大部分疑难危重病在省域或区域层面得到解决。开展国家临床专科能力建设，提升重点疾病诊疗能力。加强医疗质量控制中心建设，提高区域间疑难重症诊治同质化水平。

（三）促进资源配置向基层倾斜

结合新型城镇化补短板建设，聚焦新脱贫人口看得上病、看得好病，以新脱贫地区和中西部地区为重点，加快县域卫生健康基础设施提档升级，建立健全全民覆盖、普惠共享、城乡一体的基本医疗卫生服务体系，大幅缩小城乡基本医疗卫生服务差距。适应易地扶贫搬迁安置点人口和产业集聚趋势，加快补齐薄弱地区县级医院能力短板，探索在医疗资源短缺、覆盖人口多、距离主城区较远的地区，设置县级医院分院。充分发挥县级医院龙头作用，推动紧密型医共体建设，努力实现大多数基层群众留在县域内就医。

三、促进中医药振兴发展

中医药是中华文明瑰宝，凝聚着中国人民和中华民族的博大智慧。中西医结合、中西药并用是新冠肺炎疫情防控“中国方案”的一大特色、一大亮点。要充分发挥中医药防病治病的独特优势和作用，为建设健康中国，增进人民群众健康福祉贡献力量。

（一）优化中医药服务体系

进一步完善中医药资源配置规划布局。加快推进中医医疗资源提质扩容，创新中医医联体建设模式，加强中医医疗机构以及综合医院、专业医疗机构中医科室建设，支持社会力量举办具有特色优势的中医医疗机构。实现基层中医药服务全覆盖，持续推进中医优质资源下沉，推动中医药与长期照护、安宁疗护等社区公共服务相衔接。发挥中医药在基层常见病、多发病、慢性病防治和重点人群健康管理中的特色优势，大力发展互联网中医药服务，推广中医药适宜技术。

（二）发挥中医药健康服务独特作用

推进中医药服务高质量发展，建立一批国家中医医学中心和区域中医医疗中心。以解决重大疑难疾病临床治疗难点为核心，促进中西医临床融合发展。整合中西医优质资源，完善中西医临床协作长效机制，充分发挥中医药在突发公共卫生事件应急处置、重大传染病防控和重大疑难疾病诊治等方面作用。深化中医预防保健服务，继续实施治未病健康工程，大力普及中医养生保健知识和保健方法。强化重点领域中医药特色优势，推进中医药与养老服务、儿童保健、康复等融合发展。

（三）统筹推进中医药创新多元发展

发挥中医药原创优势、推动我国中医药实现创新多元发展。提升中药产业发展水平，加大临床资源对中药产业发展的支持力度。助力中医药健康服务业发展，鼓励社会力量规范举办养生保健机构。整合各类中医药科技资源，推动中西医汇聚创新，支持建设中医药共性关键技术、产品研发、成果转化和应用示范平台，推进产学研一体化，助力中医药创新和现代化发展。推进中医药标准化和信息化建设。创新中医药海外发展模式，大力发展中医药服务贸易。

四、持续深化医药卫生体制改革

深化医药卫生体制改革，全面建立中国特色基本医疗卫生制度、医疗保障制度和优化高效优质的医疗卫生服务体系。要坚持以人民健康为中心，保基本、强基层、建机制，围绕解决看病难、看病贵问题，深化医疗、医保、医药联动改革，坚定不移推动医改措施落地见效，惠及人民群众。

（一）进一步完善分级诊疗制度

分级诊疗既是医改的重中之重，也是满足当前老百姓看病需求和解决看病难的重要举措。要进一步加强分级诊疗政策联动性，注重与医保支付制度改革协同，加大对试点地区政策指导和技术支持力度。进一步规范医联体发展，充分发挥中医医疗机构作用，注重整合型模式和业务链一体化，按照区域资源分布实行网格化管理，督促各级各类公立医院严格按照功能定位提供服务。加快探索有利于大医院医疗资源特别是人才资源有效下沉、发挥作用的可持续机制，深化卫生职称改革和用人制度改革，激发基层队伍活力。

（二）建立健全现代医院管理制度

进一步健全党委领导下的院长负责制，完善医院党委会和院长办公会决策机制。加快理顺医疗服务价格，建立科学合理的公立医院补偿机制。加快推进符合行业特征的薪酬制度改革，在执行取消药品加成、调整医务服务价格和医保支付方式改革的同时，稳步提高医务人员薪酬水平，调动医务人员积极性。进一步健全完善“合理超支分担、结余留用”的医保支付杠杆作用，充分发挥好医保补偿作用。加强事中事后监管，优化政务服务流程。

（三）不断健全全民医保制度

基本医疗保障是减轻群众就医负担、增进民生福祉、维护社会和谐稳定的重要制度安排。要进一步促进基本医疗保险与大病保险、生育保险、医疗救助深度融合，研究新时期医保机构改革背景下相关险种经办机构、保障模式、保障水平等政策同步调整完善。优化多渠道筹资政策，提高医疗保险筹资公平性和可持续性。完善医保基金总额预算办法，持续推进医保支付方式改革，加快形成按病种付费为主的多元复合支付方式。发挥医疗保障基金对医疗服务和药品的“战略性购买”作用，完善医保目录动态调整机制。增加医疗服务质量在支付方式改革效果评估中的权重，引入外部监督，公开医疗质量信息，接受社会公众的监督，切实维护患者正当合法权益。

（四）规范药品供应保障制度

药品安全关乎公众生命健康，药品供应保障制度的有序规范是民之所盼、政之所向。要继续开展抗癌药、专利药和原研药价格国家谈判。围绕社会影响重大、群众呼声强烈的药物品种，鼓励仿制药的研发、生产和替代使用。针对治疗必需的易短缺品种，研究采取有关激励措施和机制。选取部分地区开展药品出厂价格信息可追溯工作。进一步调整完善基本药物目录和政策。研究加快创新药品和器械进入医保和临床使用的政策措施。

（五）推进完善综合监管制度

加强医疗卫生领域“立、改、废、释”工作，针对医疗卫生领域新现象、新情况及时组织研究立法和标准制定，重点解决法律法规缺漏问题。建立健全信息披露、信用体系与信息化相助力的医疗卫生行业综合监管体制与长效机制。促进部门联动，理顺职能职责交叉部门的关系，整合监管职能，优化监管结构。建立统筹协调工作制度、综合监管信息互通共享制度。推进信息互联互通，运用信息化监管手段建立综合监管信息服务体系，实现精细化管理。

第六节

健全人民文化权益保障制度体系

满足人民过上美好生活的新期待，必须提供丰富的精神食粮。社会主义文化，本质上是人民大众的文化，是人民共建共享的文化，满足人民精神文化需求，保障人民文化权益，让人民共享文化发展成果，是我国社会主义文化建设的根本出发点和落脚点。“十四五”时期，健全人民文化权益保障制度，要坚持以人民为中心的工作导向，大力传承和弘扬中华民族优秀传统文化，扩大基层文化惠民工程覆盖面，进一步深化文化体制改革，建立健全现代文化产业体系和市场体系，推动文化事业和文化产业协调发展。

一、传承和弘扬中华优秀传统文化

优秀传统文化凝聚着中华民族自强不息的精神追求和历久弥新的精神财富，是发展社会主义先进文化的深厚基础，是建设中华民族共有精神家园的重要支撑。兴文化，就是要坚持中国特色社会主义文化发展道路，推动中华优秀传统文化创造性转化、创新性发展，继承革命文化，发展社会主义先进文化，激发全民族文化创新创造活力，建设社会主义文化强国。

（一）加大文物保护改革发展力度

加强文物保护和利用，让文物说话，让历史说话，让文化说话，要坚持“保护为主、抢救第一、合理利用、加强管理”的指导方针，深化文物保护利用改革。健全不可移动文物保护机制，统筹加强世界文化遗产、文物保护单位、考古遗址公园、历史文化名城名镇名村保护，稳妥推进考古发掘和整理工作。优化推进博物馆体系建设，加强馆藏文物保护修复和重要典籍整理出版，推进文物资源数字化建设，夯实文物保护科技支撑。建立健全国家文物督察制度，切实落实各级各类文化保护要求和标准，有效规范民间文物收藏和文物市场秩序。强化文物保护宣传推广，提升全社会文物保护意识。积极推进文物资源合理开发利用，推动文物展示利用方式融合创新，更好发挥文物资源在推动经济社会发展中的重要作用。

（二）强化非物质文化遗产保护传承

非物质文化遗产是国家和民族历史文化成就的重要标志。要加强对国粹传承和非物质文化遗产保护的支持和扶持。要加强顶层设计和统筹协调，完善非物质文化遗产保护法律法规和政策体系。扎实做好非物质文化遗产资源普查和动态评估，着重完善非物质文化遗产代表性传承人制度，切实提升传承深度和广度。加强国家文化生态保护（实验）区建设，统筹保护各级各类非物质文化遗产、传统民俗以及相关联的生产生活环境。大力支持非物质文化遗产展览、传习场所建设，鼓励依托重要非物质文化遗产项目开展形式多样、内涵丰富的民俗节庆活动和主题传播活动。推进非物质文化遗产生产性保护，积极推动产业化转型，大力打造和培育中华老字号，更好融入现代生产生活，通过市场实现活化传承。

（三）推进中华优秀传统文化创新发展

中华优秀传统文化是中华民族的精神命脉，是涵养社会主义核心价值观的重要源泉，也是我们在世界文化激荡中站稳脚跟的坚实根基。做好优秀传统文化保护利用工作，要妥善处理好保护和发展的关系，加强优秀文化研究挖掘和创新发展，理清中华优秀传统文化的内涵，弘扬以爱国主义为核心的民族精神和以改革创新为核心的时代精神，不断增强全党全国各族人民的精神力量，筑牢中华民族共同体意识。同时，要深入发掘各类文化遗产承载和蕴含的悠久历史、深厚文脉和精神内涵，改造陈旧的表现形式，赋予新的时代内涵和现代表达形式，推进优秀传统文化创造性转化、创新性发展。扎实推进国家文化公园建设，加强长城、大运河、长征、黄河等重要文化大遗产系统的保护传承利用，打造中华文化重要标识，更好延续中华文明历史文脉。

（四）加强国际合作深化文明交流互鉴

文化文明力量是人类共同应对挑战、迈向美好未来的重要力量。保持开放包容，是时代发展和历史演进的必然要求，也是我们战胜困难和实现发展的必由之路。要充分利用重大外交外事活动开展文化交流合作，重点加强与“一带一路”沿线国家的文化领域投资和贸易合作，扎实推进民心相通。做好中华民族优秀传统文化经典、文化遗产和民族优秀文化的现代呈现和国际推介，深入系统阐述悠久的中国历史，多样呈现深厚的中华文化，生动讲述当代中国的动人故事，彰显中华文明海纳百川的胸怀，包容开放的气质，坚如磐石的担当，着力提升中华文化软实力，大力推动中华文化“走出去”。

二、完善现代公共文化服务体系

完善现代公共文化服务体系，是保障人民文化权益、实现国家治理体系和治理能力现代化的重要内容。要完善公共文化服务体系，深入实施文化惠民工程，丰富群众性文化活动。要坚持政府主导、社会参与、重心下移、共建共享，把“硬件”建设和“软件”建设结合起来，把“输血”和“造血”结合起来，推动城乡公共文化服务体系不断完善，构建覆盖城乡、便捷高效、保基本、促公平的现代公共文化服务体系，促进基本公共文化服务标准化均等化。

（一）加强公共文化服务设施建设

公共文化服务设施是开展群众性活动的重要载体，要让村村、乡乡、县县都可以广泛开展文化体育活动。积极推进公共图书馆、文化馆等公共文化设施达标建设，鼓励有条件的地方结合特色文化资源建设博物馆等保护展示设施。加快完善乡（镇）村综合性文化设施条件，调整优化基层文化惠民工程，推动互联互通，提高覆盖面和实效性。全面推进智慧广电服务网络建设，提高广播电视公共服务高清化、互动化、移动化水平，提升数字乡村、新型城镇智慧化管理水平。加快应急广播体系建设，完善国家应急管理系统，实现应急信息分类分级、高效可靠发布。

（二）健全基本公共文化服务标准体系

基本公共文化服务标准是公共文化服务体系建设的重要前提和衡量准则。建立健全服务标准体系、推动公共文化服务标准化，要坚持以人民群众基本文化需求为导向，围绕群众基本文化权益，明确国家基本公共文化服务的内容、种类和数量，以及应具备的公共文化服务基本条件和各级政府的保障责任，确立国家基本公共文化服务指导标准，以及重大文化工程标准规范，明确政府保障底线，做到保障基本、统一规范。同时，要完善服务水平监测评价体系，建立基本公共文化服务标准动态调整机制，适时调整优化基本公共文化服务项目和标准，全面建立系统完善、层次分明、衔接配套、科学适用的基本公共文化服务标准体系。

（三）提升基本公共文化均等化水平

全体公民都应获得与经济社会发展水平相适应、大致相当的基本文化服务。推动基本公共文化服务均等化，要坚持政府主导、社会参与、重心下移、共建共享，加快公共文化服务区域、城乡协调发展，加强城乡区域公共文化服务资源整合，实现城乡一体化统筹，推动革命老区、民族地区、边疆地区、贫困地区公共文化服务建设跨越式发展。保障特殊群体基本文化权益，将老年人、未成年人、残疾人、农民工、农村留守妇女儿童、生活困难群众作为公共文化服务的重点对象，提高基本公共文化服务的覆盖面和适用性。

（四）扩大多样化公共文化服务供给

为人民群众提供内容丰富、优质高效的公共文化服务，推动公共文化服务多样化升级，要以群众满意度、关注度为指向，以群众需求为风向标。健全支持开展群众性文化活动机制，广泛开展公益性文化艺术活动，扩大和提升文化消费需求。加强文化创意产品开发，创新文化产品和服务内容。健全政府向社会力量购买公共文化服务机制，加大公共文化设施免费开放力度，提升公共文化服务供给的效率和品质。完善公益性演出补贴制度，通过票价补贴、剧场运营补贴等方式，支持艺术表演团体提供公益性演出。鼓励在商业演出和电影放映中安排低价场次或门票，出版适应群众购买能力的图书报刊。推动经营性文化设施、非物质文化遗产传习场所和传统民俗文化活动场所等向公众提供优惠或免费的公益性文化服务。

三、加快文化事业和文化产业协调发展

发展文化事业和文化产业是繁荣发展社会主义文化的重要载体，是满足人民多样化、多层次、多方面精神文化需求的重要途径。习近平总书记指出，要推动文化事业全面繁荣，文化产业快速发展，不断丰富人民精神世界、增强人民精神力量，不断增强文化整体实力和竞争力。

（一）加快推进重大文化工程项目

重大文化项目建设是加快文化事业发展、增强文化自信、保护文化安全的有力支撑。要坚持把重点项目作为引领文化产业发展的着力点，扎实推进党中央、国务院明确的重大项目、重大工程，积极推动国家美术馆、中国工艺美术馆、“平安故宫”工程等重大项目建设，大力实施艺术精品创作扶持工程，发展舞台艺术、戏曲艺

术等，加强国粹文化传承弘扬。积极探索开展新时代文明实践中心、融媒体中心等文化试点工程，扩展文化事业发展新路径。鼓励以创意设计、影视制作、文化旅游、数字内容等产业门类为重点，加快谋划和建设一批具有较强示范效应和拉动作用的重点文化产业项目。

（二）调整优化文化产业布局

调整优化文化产业布局、健全现代文化产业体系和市场体系是推动文化产业健康有序发展的重要保障。持续推动资源和要素向优势领域、企业和项目聚集，逐步形成大中小微企业相互促进的良好局面。实施骨干文化企业培育工程，积极培育规模化、外向型、高水平等各类骨干文化企业，打造一批核心竞争力强的国有或国有控股文化企业。规范推进众创空间、公共服务平台建设，支持专、精、特、新中小微文化企业发展。推动文化与旅游、科技等全方位深度融合，促进传统文化产业转型升级，引导新型文化业态健康发展。完善文化市场准入和退出机制，淘汰落后产能，实现文化产业集约化、优质化、内涵式发展。

（三）创新优质文化产品和品牌

优秀文化产品和品牌既是文化自信的成果体现，也是增强文化软实力的载体和土壤。加强优秀文化产品生产创作，要坚持“深入生活、扎根人民”原则，把提高质量作为文艺作品的生命线，激发文化创新创造活力，提升文化原创力，推出更多同新时代相匹配的精品力作。持续发挥新技术的支撑作用，推动文化创作、生产、传播、消费各环节创新，培育文化创意产品，提升创意含量和设计水平，带动中高端文化产品及服务发展。实施文化品牌战略，培育和扶持一批有影响力、代表性的文化产品和企业品牌，培育以中华优秀传统文化元素为核心的产业集群，支持中华文化老字号产品创新和品牌建设。

四、推动文化体制改革进一步深化

文化体制改革是解放和发展文化生产力、推动社会主义文化大发展大繁荣的必由之路。要坚定不移将文化体制改革引向深入，不断激发全民族文化创新创造活力。深化文化体制改革，要完善文化管理体制，加快构建把社会效益放在首位、社会效益和经济效益相统一的体制机制。

（一）完善文化管理体制改革

完善文化管理体制，是深化文化体制改革的重点任务。要按照政企分开、政事分开原则，理顺党政部门、事业单位、文化市场的关系，强化党对文化工作的统一领导，加快转变政府行政管理职能，深入推进文化领域“放管服”改革，创新文化行政管理方式。健全党委和政府监管有机结合、宣传部门有效主导的国有文化资产管理体制，夯实管人管事管资产管导向相统一的工作机制。深化文化市场综合执法改革，加强文化行业组织建设，改善和优化文化市场秩序。

（二）推进文化企事业单位改革

完善文化企事业单位履行社会责任制度，健全文化企业社会效益综合评价体系，明确功能定位，突出社会效益。进一步深化公共图书馆、文化馆、博物馆、各类文物保护单位改革，完善公益性事业单位理事会制度。分类推进影视业、出版业、文艺院团、媒体等领域改革，激发行业发展活力，提升整体服务效能。积极稳妥推动国有文化企业股份制改造和混合所有制改革，健全有文化特色的现代企业制度，鼓励有实力的国有骨干文化企业把转企改制与资源整合、结构调整结合起来，打破区域限制和行业壁垒，以资本为纽带实行跨地区、跨行业、跨所有制兼并重组，培育文化产业领域战略投资者，支持民营文化企业健康发展。

（三）加快文化生产经营机制改革

完善文化生产经营机制，是优化文化产品供给、提升文化治理效能的有力支撑。要坚持以社会主义核心价值观为引领，完善遵循社会主义先进文化发展规律、体现社会主义市场经济要求、有利于激发文化创新创造活力的文化生产经营传播引导激励机制，落实倡导讲品位讲格调讲责任、抵制低俗庸俗媚俗的要求。推动媒体融合发展和新型主流媒体建设，构建全媒体传播体系。加快文化领域行业政策建设，完善和落实以高质量发展为导向的文化经济政策体系。加快文化投融资体系建设，发挥国家文化产业基金扶优扶强作用，鼓励和引导社会资本参与文化生产经营，推动商业银行等金融机构加快完善无形资产评价体系。

第七节

健全完善全民健身服务体系

“发展体育运动，增强人民体质”是我国体育工作的根本任务。健全全民健身的制度性举措，对全方位、全周期保障人民健康、推动健康中国建设具有重大意义。习近平总书记就开展全民健身、增强人民体质、提高人民健康水平发表一系列重要讲话，深刻阐述了加快体育强国建设的战略定位和总体思路。“十四五”时期，要落实全民健身国家战略，提高供给质量，强化要素保障，突出重点领域，提升群众健身的便利性、可及性，促进群众体育与竞技体育全面协调发展，繁荣发展体育文化，加快建设体育强国。

一、落实全民健身国家战略

加快建设体育强国，要把人民作为发展体育事业的主体，把满足人民健身需求、促进人的全面发展作为体育工作的出发点和落脚点，落实全民健身国家战略，不断提高人民健康水平。

（一）完善全民健身公共服务体系

紧紧围绕“便民惠民”抓好全民健身“六个身边”工程建设，加强体育公园、社会足球场地、健身步道、自行车道、全民健身中心以及足球、冰雪运动等场地设施建设，建设群众身边“举步可就”的场地设施。探索与住宅、商业、文化、娱乐等建设项目综合开发和改造相结合，盘活闲置资源，合理利用城市空置场所、地下空间、公园绿地、建筑屋顶、权属单位物业附属空间建设健身场地。完善公共体育设施免费或低收费开放政策，有序促进各类体育场地设施向社会开放。逐步推动基本公共体育服务在地区、城乡、行业和人群间的均等化，打造“15分钟健身圈”。推动全民健身公共服务资源向基层倾斜，补齐全民健身领域短板弱项，破解群众“健身去哪儿”难题。

（二）广泛开展全民健身活动

实施全民健身计划，健全综合评价体系。多渠道普及科学健身知识和健身方法，因时因地因需开展全民健身活动，坚持大健康理念，从“治已病”向“治未病”转变。推行《国家体育锻炼标准》和《国家学生体质健康标准》，建立面向全民的体育运动水平等级标准和评定体系。大力发展群众喜闻乐见的运动项目，扶持推广各类民族、民间、民俗传统运动项目，打造具有区域特色、行业特点、影响力大、可持续性强的品牌赛事活动。建立群众性竞赛活动体系和激励机制，探索多元主体办赛机制，打造百姓身边的健身组织。激发市场活力，为社会力量举办全民健身活动创造便利条件，发挥网络等新兴活动组织渠道的作用，完善业余体育竞赛体系。

（三）促进儿童青少年等重点人群体育发展

少年强则中国强，体育强则中国强，推动我国体育事业不断发展是中华民族伟大复兴事业的重要组成部分。要关注以儿童青少年为代表的重点人群体育健身活动，培养“从小健身、人人健身、科学健身”良好习惯，开展儿童青少年、妇女、老年人、职业人群、残疾人等群体的体质健康干预行动。树立健康第一的教育理念，将促进儿童青少年提高身体素养和养成健康生活方式作为学校体育教育的重要内容，开齐开足体育课，推动足球、篮球、排球的普及提高，支持冰雪运动进校园，普及冬奥知识。促进体育、教育互通互认，进一步完善儿童青少年体育赛事体系。深化体校改革，大力培养体育教师和教练员队伍，建立健全儿童青少年体育训练体系。鼓励安排工间健身时间，支持新建工作场所配建健身活动场地。发挥体育在残疾人康复方面的重要作用，推动残疾人体育广泛开展。

二、提升体育运动综合实力

体育承载着国家强盛、民族振兴的梦想。体育强则中国强，国运兴则体育兴。加快建设体育强国，要把握体育强国梦与中国梦息息相关的定位，把体育事业融入实现“两个一百年”奋斗目标大格局中去谋划，深化体育改革，更新体育理念，推动群众体育、竞技体育、体育产业协调发展。

（一）完善竞技体育发展模式

要提高竞技体育综合实力，更好发挥举国体制作用，把竞技体育搞得更好、更快、更高、更强，提高为国争光能力，让体育为社会提供强大正能量。完善举国体制与市场机制相结合的竞技体育发展模式。坚持开放办体育，充分利用社会力量，与市场机制相结合，形成国家办和社会办相结合的竞技体育管理体制和运行机制，不断丰富举国体制的时代内涵。建立向全社会开放的国家队运动员选拔制度，充分调动高校、地方以及社会力量参与体育运动的积极性。综合评估竞技体育项目发展潜力和价值，统筹各项目发展，建立竞技体育公共投入的效益评估体系。做好东京奥运会、残奥会和2022年北京冬奥会、冬残奥会备战参赛工作。

（二）建立现代化竞赛体系

推进竞赛体制改革，建立适应社会主义市场经济、符合现代体育运动规律，与国际接轨的体育竞赛制度，构建多部门合作、多主体参与的金字塔式体育竞赛体系，畅通分级分类有序参赛通道，推动青少年竞赛体系和学校竞赛体系有机结合。深化全国运动会、全国冬季运动会、全国青年运动会改革。支持全国单项体育协会举办高水平体育赛事，鼓励社会力量举办形式多样的系列赛、大奖赛、分站赛。鼓励具备条件的运动项目走职业化道路，支持教练员、运动员职业化发展，组建职业联盟。完善职业体育俱乐部法人治理结构，加快俱乐部现代企业制度建设。建立体育经纪人制度，积极探索适应中国国情和职业体育特点的职业运动员管理制度。完善职业体育联赛体制机制，充分发挥俱乐部的市场主体作用，培育形成具有世界影响力的职业联赛。积极探索中国特色足球、篮球、排球发展道路，强化科技助力，提高“三大球”训练、竞赛的科学化水平，提升国际比赛成绩。

（三）促进群众体育与竞技体育协调发展

以北京冬奥会为契机，推动群众体育和竞技体育全面平衡发展，推进全民健身事业，不断提升人民健康水平。发挥竞技体育在全民健身活动中的引领作用，把群众性体育纳入全运会，组织人民群众广泛参与。加强竞技体育与全民健身人才队伍的互联互通，形成全民健身与学校体育、竞技体育后备人才培养工作的良性互动局面，为各类体育人才培养和作用发挥创造条件。推动各级各类体育赛事的成果惠及更多群众，促进竞技体育与群众体育全面协调发展。充分发挥2022年北京冬奥会的带动作用，大力推进冰雪运动“南展西扩东进”战略，带动“三亿人参与冰雪运动”，提升冰雪场馆及相关配套设施服务接待能力。

三、扩大体育产品和服务供给

体育产业是新时代人民群众对美好生活需要的重要组成部分，消费需求不断升级，面临黄金发展机遇，正逐步成为我国经济发展“新风口”。要不断完善政策体系，激发市场活力，改善产业结构，优化要素保障，进一步扩大体育产品和服务供给。

（一）激发市场活力，优化发展环境

取消运动项目管理中心和协会对非体育系统、民营经济投入项目产业的限制。全面放开单项运动协会主办的赛事、培训、展示等活动资源，通过公开招投标确定承办单位。制定大型体育赛事办赛指南或规范，明确各部门的职责。支持利用废弃厂房、公园绿地、城市空地、建筑物屋顶、地下室等区域建设改造健身休闲设施。研究出台体育赛事活动转播节目著作权等相关法律保护措施。建立体育医疗康复行业标准、机构设立标准和审批流程。引导各地通过体

育消费券、“运动银行”等多种方式促进体育消费。支持各级工会用会费为职工购买体育健身服务。鼓励各地将体育基地、运动营地等纳入青少年研学基地。明确地方购买公益性体育服务的领域和途径，适时出台指导性购买目录。推进全国性单项运动协会“管办分离、政社分开、社企分开”改革。开展以公建民营、转企、混合所有制改革为重点的公办体育场馆管理体制改革。政府投资新建体育场馆不再单独设立事业单位运营管理。

（二）改善产业结构，扩大有效供给

支持社会力量举办大型群众性体育赛事。合理构建职业联赛分级制度，建立全国统一的青少年体育竞赛体系。建立体育赛事转播收益分配机制。加强对职业联赛版权的开发与保护，支持各类媒体参与职业联赛转播权竞争。推动体育用品制造业创新发展，将符合条件的体育制造企业纳入科技产业目录。鼓励高校、政府和企业联合建立体育用品研发制造中心。组织体育用品博览会，开展全国体育科技创新大赛，设立中国体育科技创新奖，提高中国品牌美誉度和影响力。加强体育场地设施建设，组织实施全民健身补短板工程，支持户外运动营地等配套基础设施建设。开展全国社会足球场地设施建设专项行动，支持社会力量扩大足球场地供给。实施体育旅游精品示范工程，将体育相关内容纳入旅游景区质量等级评定标准。推进体医结合，建立运动处方实验室，完善运动处方库。研究推动智能体育、电子竞技等业态发展的政策措施。

（三）壮大市场主体，提高服务质量

鼓励各地建设体育服务综合体，推进运动休闲特色小镇规范发展，加强体育产业联系点和体育产业基地的建设与管理，培育一批体育产业创新试验区。支持建立中小体育企业服务平台，符合条件的可作为国家中小企业公共服务示范平台予以重点培育。统筹各类赛事分站赛、巡回赛和表演赛，促进区域优质赛事资源共享。引导在京的全国性群众体育组织向河北雄安新区转移。支持京津体育科研院所、体育高科技企业到河北开展技术开发、中试和产业化生产。加快内地与香港在赛马运动上的合作，推动相关产业发展。引导各级各类体育组织与体育企业加强产需对接。以“一带一路”沿线国家为重点，推动组建国际体育产业联盟。在京津冀、长三角、粤港澳大湾区、海南自由贸易港等地区打造区域性体育产业增长极。

（四）优化要素保障，强化发展支撑

鼓励高校开设体育产业MBA和EMBA专业学位点，培养职业经理人。支持各类运动项目裁判员在不同组织间自由流动。支持教练员在职参与各类运动项目培训，创办各类运动项目培训企业。实施运动技能等级评定制度。制定完善各项体育运动业余运动技能和学校体育运动技能等级评价指标体系。制定体育中介、体育培训、体育旅游等新兴业态行业标准及规范。制定大型体育赛事安保服务等级标准。建立体育无形资产评估标准。研究制定非营利性体育组织企业所得税优惠政策。支持保险公司开发体育专利许可信用保险、体育专利质押融资保证保险等体育专利保险产品。加强土地供给，对于发展冰雪、山地户外等运动产业的企业，可以采取“占补平衡”“异地补植”的办法占用少量林地。鼓励利用“批而未用”“四荒”（荒山、荒坡、荒沟、荒滩）土地发展体育产业。

四、大力弘扬中华体育精神

体育是提高人民健康水平的重要手段，也是实现中国梦的重要内容，能为中华民族伟大复兴提供凝心聚气的强大精神力量。要大力弘扬中华体育精神，开展中国特色体育外交，激发全国人民爱国热情和全世界中华儿女的民族自豪感，增强中华民族的凝聚力、向心力、自信心。

（一）深入挖掘中华体育精神

体育在促进人的全面发展，丰富人民精神文化生活，激励全国各族人民弘扬追求卓越、突破自我的精神方面，都有着不可替代的重要作用。要将中华体育精神融入社会主义核心价值体系建设，精心培育和发展体育公益、慈善和志愿服务文化。把蕴含在运动项目中的文化符号、文化元素挖掘出来，宣传优秀运动员展现出的中华体育精神，积极探索引导竞技体育项目群众化，让群众在参与竞技运动中感受到体育精神的力量。倡导文明观赛、文明健身等体育文明礼仪，促进社会主义思想道德建设和精神文明创建。

（二）传承中华体育文化

大力弘扬以女排精神为代表的中华体育精神和奥林匹克精神，在全社会形成充满活力、向上向善的良好氛围。加强优秀民族体育、民间体育、民俗体育的保护、推广和创新，推进传统体育项目文化的挖掘和整理。开展体育文物、档案、文献等普查、收集、整理、保存和研究利用工作。开展传统体育类非物质文化遗产展示展演活动，推动传统体育类非物质文化遗产进校园。完善中国体育荣誉体系，鼓励社会组织和单项体育协会打造褒奖运动精神的各类荣誉奖励。

（三）丰富体育文化产品

挖掘体育运动项目特色、组织文化和团队精神，讲好以运动员为主题的运动项目文化故事。培育具有优秀品德和良好运动成绩的体育明星，组织运动队和体育明星开展公益活动。实施体育文化创作精品工程，创作具有时代特征、体育内涵、中国特色的体育文化产品，鼓励开展体育影视、体育音乐、体育摄影、体育美术、体育动漫、体育收藏品等的展示和评选工作。

（四）开展中国特色体育外交

全民健身运动的普及和参与国际体育合作的程度，也是一个国家现代化程度的重要标志。要构建体育对外交往新格局，深化与亚洲各国尤其是周边国家的体育交流合作，务实推进与欧美发达国家的体育互利合作，巩固和发展与非洲和拉丁美洲国家的体育友好关系。扩大政府间和民间国际体育交流，推动中华传统体育“走出去”，加强与国际体育组织合作，提高中国体育的话语权和国际影响力，展现中华体育健儿良好精神风貌。扎实推进共建“一带一路”、金砖国家、上海合作组织等多边合作框架下的体育交流活动，建立“一带一路”国际体育产业联盟，举办沿线国家系列体育赛事，打造精品体育旅游赛事和线路。

第八节

构建国民休闲服务体系

休闲是美好生活不可或缺的组成部分，是幸福感的重要来源。随着我国经济快速发展和人民生活水平提高，大众对于休闲的需求日趋强烈，国民休闲加快进入能量积蓄期。“十四五”时期，要推动具有中国特色的国民休闲体系建设，全面改善国民休闲品质，着力提升国民休闲水平，更好满足人民对美好生活的向往。

一、加快国民休闲制度建设

国民休闲制度建设是促进休闲健康有序发展的重要支撑。要统筹把握宏观经济、居民收入、消费需求、产业发展等形势变化，以及满足人民群众对美好生活需要和符合经济社会发展阶段的关系，加快构建系统合理的国民休闲制度体系，完善休假制度安排，推动休闲制度创新发展，充分保障国民休闲需求。

（一）构建休闲政策法规体系

休闲领域具有高融合性的突出特征，涉及众多相关领域，并与经济社会发展阶段紧密相关。科学系统的休闲政策法规体系，是确保国民休闲健康发展的重要支撑。要深入挖掘国民休闲的丰富内涵，立足现实国情和社会预期，强化顶层设计，加强统筹协调，厘清美好生活建设的体系和层次，研究制定全面小康背景下的国民休闲政策措施。加快健全休闲法律法规，分类制定休闲指导标准，强化文化、旅游、健康、养老、教育、体育等与休闲相关产业的政策衔接和业态融合，探索建立一体化休闲制度体系。

（二）探索完善休假制度安排

保障适度的休闲时间，国民休闲才能落实好、可持续，实现健康发展。随着全面建成小康社会，需统筹考虑国家政治和文化需要、增强文化认同和民族凝聚力、休假天数刚性福利等因素，推动形成全年分布均衡、时间长短结合、行政企事业单位统筹引导安排与自主安排、分散进行相结合的休假制度。要推动落实更加灵活的带薪年休假制度，促进职工自主休假、分散休假，推动法定节假日、带薪休假、周休日有机衔接。要积极探索建立多元化休假制度，系统总结各地探亲假、婚假、丧假、产假、病假等休假制度实施效果，认真研究民族地区特色节假日制度安排，优化教师、学生等群体休假政策，更好满足人民群众旅游出行、返乡探亲等休闲需求，切实保障居民合法休假权利。

（三）推动休闲制度创新发展

随着休闲与相关产业深度融合，休闲活动多样性不断增强，休闲新兴业态快速发展，制度创新为国民休闲质量持续提升提供了重要动能。要积极推动休闲制度创新发展，及时出台休闲新业态、新产品、新领域的管理标准、实施办法和工作细则，明确地方政府、行政部门权责，突出相关产业的休闲服务功能。要围绕环境条件、公共服务、休闲项目、安全条件、休闲质量等，引导行业协会、研究机构等市场力量积极参与研究制定重要政策和行业标准，推动国民休闲规范化、标准化发展，进一步激发全社会创新创造活力。

二、优化国民休闲空间

国民休闲空间是实现休闲目标功能载体。要坚持以人为本，结合区域协调发展、新型城镇化、乡村振兴等国家战略实施，统筹推进城乡建设和休闲空间布局，持续加强公共休闲服务供给，构建便捷高效的休闲交通网络，积极打造国民休闲目的地，完善国民休闲空间体系。

（一）全面拓展公共休闲空间

要多留点绿地和空间给老百姓，紧密结合以人为核心的新型城镇化建设和乡村人居环境整治，完善居民休闲空间布局，有效增加绿地公园、休闲广场、社区公共休闲活动中心等公共休闲空间供给，合理打造环湖、环江、环河等休闲带、步行廊道、生态漫游系统，持续完善图书馆、文化馆、艺术馆、博物馆、展览馆、体育馆、足球场等公共文化体育场所休闲服务功能，形成多层次、多功能的城乡公共休闲空间体系。在坚持科学保护、合理利用基础上，利用国家公园、自然公园等自然保护地，丰富和拓展居民休闲休憩空间。加强智慧服务、垃圾污水处理、消防安防、应急救援、环境整治等配套设施建设，兼顾本地居民生产生活和外地游客旅游休闲需要，将更多传统生活空间打造成为旅游休闲空间。

（二）构建便捷休闲交通网络

加强机场、车站、码头等交通枢纽综合规划，紧密连接重要旅游目的地，构建高效便捷的交通网络，覆盖一线城市、世界级旅游目的地、国家重点旅游示范区，连接乡村旅游重点村、特色旅游度假区、历史文化名城名镇名村等国民旅游休闲空间。加快完善高速铁路、城际快速铁路与高速公路网，建设水铁联动、水陆联动、河河联动、河湖联动的快速休闲通道，依托干线道路规划打造一批特色旅游风景道，强化道路沿线餐饮、住宿、加油站、维护补给等配套设施，更好适应自驾游、房车营地等新兴旅游出行方式。

（三）打造国民休闲目的地

立足京津冀协同发展、长江经济带发展、长三角一体化、粤港澳大湾区建设、海南自贸港建设、黄河流域生态保护和高质量发展等国家重大区域发展战略，结合风景名胜区、自然公园、国家公园、国家文化公园、主题公园等，加强区域休闲协作，推动国民休闲相关业态资源整合优化。支持打造跨区域、融合性的特色旅游功能区，培育特色鲜明的区域旅游品牌，积极推进长江、大运河、长城、黄河等精品文化旅游带建设，彰显丰富的精神文化内涵。加快海南国际旅游消费中心、平潭国际旅游岛、横琴国际休闲旅游岛等建设，打造高品质国民休闲主要目的地。

三、创新国民休闲产品和服务

随着经济社会快速发展和居民收入水平不断提升，大众对个性化、特色化、高质量的休闲产品和服务需求日益强烈。要结合新技术、新业态、新模式的发展，加快推动传统景区转型升级，积极培育新兴休闲业态，不断扩大休闲产品和服务供给。

（一）加快传统旅游景区转型升级

优化传统重点景区和度假区布局，推动景区评级体系改革，完善评价标准。切实加强景区游客需求分析，科学确定合理容量，完善游客服务中心、旅游集散中心、旅游停车场、旅游厕所等旅游基础设施和公共服务设施建设，加快推动景区智能化升级，完善在线预约、智慧导览等服务，推动重点旅游景区提质扩容和数字化转型。加强景区特色资源内容挖掘，提升精神文化内涵，彰显时代特色和优秀传统，紧密结合大众休闲消费多元化、品质化、特色化需求，开发多样化文旅产品和服务，打造观光、体验、娱乐、度假、购物、疗养等多种功能于一体的综合性旅游景区。充分利用现代信息技术和新媒体平台，加强旅游品牌建设和营销推广，构建知识产权核心竞争力，加快线上线下融合，拓展旅游休闲产业链条。

（二）大力推动细分休闲业态创新发展

依托养老、体育、健康、文化等领域拓展旅游功能，不断培育壮大农业休闲、健身休闲、康养休闲、科教休闲、会展旅游、商务旅游等新兴休闲业态，形成多产业融合发展新格局。紧密结合乡村振兴战略实施和美丽乡村建设，结合当地资源禀赋打造精品乡村旅游，积极创建国家全域旅游示范区和乡村旅游重点村。加强工业遗产和闲置工业厂房等空间资源的开发利用，鼓励品牌价值突出、具有文化内涵的大型龙头企业自主建设博物馆、展览馆等文旅设施，彰显我国民族工业和现代工业发展历程和伟大成就，推动发展工业旅游。因地制宜发展温泉、冰雪、滨海、海岛、山地、森林、养生等新型旅游，积极推动冰雪运动、山地户外运动、水上运动、航空运动等特色运动与旅游融合发展。推动发展邮轮游、自驾游、游艇游、低空游等细分项目类型。培育中医养生保健、高端医疗、疗养康复等健康旅游业态。

（三）加快休闲三次产业一体化发展

坚持品牌化、特色化、高端化发展思路，加强农业与旅游休闲的融合发展，实施“一村一品”行动和“后备厢工程”。做大做强旅游休闲装备制造业，为徒步、骑行、自驾、邮轮、低空飞行、轨道观光等特色旅游提供重要支撑，带动发展一批重要旅游装备制造品牌和企业，提升我国旅游休闲业态整体竞争力。深化旅游休闲与工业设计、科技、金融等相关领域融合发展，提升国民休闲艺术内涵和产品附加值。聚焦信息化、数字化、网络化、智能化，发展智慧旅游、“互联网+”旅游、云端旅游，依托大型在线旅游公司（OTA）平台企业增强在线预订、定制产品供给，利用虚拟现实技术拓展线上旅游信息咨询、数字景区地图、远程导游、旅游保险等数字旅游新空间、新产品、新服务。深化旅游休闲领域投融资改革，引导金融机构加大对旅游企业特别是特色中小微企业的支持力度。

四、营造健康有序的休闲市场

良好的市场环境是市场经济健康发展的重要保障。要积极营造公平合理的市场环境，逐步健全市场服务体系，提升行业综合服务水平，进一步加强行业协同监管和执法力度，促进行业稳定、健康、有序发展。

（一）优化市场主体发展环境

市场主体是产业发展的基础单元，深化休闲领域市场化改革，激发市场主体活力，对提高国民休闲品质至关重要。要建设更加完备的要素市场，加强政府和社会资源整合及优化配置，完善社会资本特别是战略投资的投入机制，加强政策延续性和一致性，促进人才、资本、技术、信息等休闲要素市场相互融通，消除市场壁垒，提高资源配置效率。切实加强知识产权保护，健全无形资产交易规则和平台，为多元化市场主体提供公平开放健康有序的竞争环境，营造公平、公正、公开、透明的营商环境。加强对优质旅游上市公司、大型旅游集团公司、大型旅游联合体等企业集团和知名品牌的宣传推广，鼓励旅游创新创业，优先对具有创新活力的旅游中小微企业和旅游创客予以资源倾斜。

（二）健全休闲市场服务体系

加快健全科学有效的市场服务质量评价体系，提升旅游景区（点）、旅行社的服务水平，规范和优化旅游住宿、在线旅游经营服务，提高导游和领队业务能力，引导和规范旅游市场新主体新业态新群体健康发展，全面提升休闲服务质量。推动建立休闲信息化服务体系，打造休闲公共服务平台，并逐步建立与公安、交通、应急管理等系统交互共享，提供无缝化、即时化、精确化、互动化的景区信息、交通信息、应急信息等服务，为居民休闲出行创造便利条件。

（三）加强休闲市场综合监管

实施包容审慎监管，建立以信用为基础的旅游市场监管机制，完善旅游领域信用体系建设，将旅游市场主体和从业人员信用记录逐步纳入全国信用共享平台和国家企业信息公示系统。加强市场协同监管，强化联合执法工作机制，进一步完善全国“12315”投诉举报专线和互联网平台功能，密切监管旅游市场违法行为，积极开展系列专项整治行动，开展跨部门“双随机”联合执法，提高旅游市场综合执法能力，切实保障商户和消费者合法权益，营造良好市场秩序。

▌第九节▐

筑牢重点群体关爱服务体系

退役军人、困境儿童、残疾人等重点群体，需要格外关注、格外关爱、格外关心，千方百计帮助他们排忧解难。“十四五”时期，要筑牢重点群体关爱服务体系，实实在在帮助他们解决实际困难，做好关键时点、困难人群的基本生活保障，激发脱困解困的内生动力，巩固全面小康和脱贫攻坚成果。

一、发展适度普惠的儿童福利体系

保护儿童权利，促进儿童健康成长，推动儿童福利体系由补缺型向适度普惠转型，让党和国家的温暖传递到更多儿童及其家庭。完善儿童关爱保障政策，加强对困境儿童、留守儿童、残疾儿童的救助干预。

（一）加大困境儿童关爱保障力度

有效保障困境儿童生存、发展、安全权益，关系儿童切身利益和健康成长，关系社会稳定和文明进步。综合运用社会救助、社会福利和安全保障等政策措施，分类施策，精准帮扶，为困境儿童健康成长营造良好环境。优化儿童福利保护机构布局，加强承担区域性养育职责的儿童福利机构建设。完善困境儿童分类保障政策。完善落实社会救助、社会福利等保障政策，合理拓展保障范围和内容，实现制度有效衔接，形成困境儿童保障政策合力。不断提高困境儿童保障水平，建立健全保障标准自然增长机制。落实孤儿和事实无人抚养儿童保障政策，提高保障水平，完善安置渠道。

（二）完善留守儿童关爱服务体系

关爱留守儿童需要全社会共同努力。要以促进儿童健康成长为出发点和落脚点，坚持依法保护，不断健全法律法规和制度机制。强化家庭监护主体责任，加大关爱保护力度，逐步减少儿童留守现象，确保留守儿童安全、健康、受教育等权益得到有效保障。落实属地政府责任，全面建立家庭、政府、学校尽职尽责，社会力量积极参与的留守儿童关爱保护工作体系。充分发挥群团组织、社会组织、专业社会工作者、志愿者等作用。落实支持农民工返乡创业就业相关政策措施，从源头上减少留守儿童现象。做好儿童心理和精神疾病发现、报告、干预等指导服务，保障儿童身心健康成长发育。

（三）落实残疾儿童康复救助制度

确保残疾儿童家庭求助有门、救助及时，着力保障残疾儿童基本康复服务需求。加强与基本医疗、临时救助等社会保障制度的有效衔接，建立科学规范、便民高效的运行机制。更好发挥政府保基本作用，不断推进基本康复服务均等化，改善残疾儿童康复状况，促进残疾儿童全面发展，减轻残疾儿童家庭负担，努力实现残疾儿童“人人享有康复服务”。更好发挥社会力量作用，不断扩大康复服务供给，鼓励多种形式举办康复机构，充分发挥村（居）民委员会、基层医疗卫生机构、公益慈善组织和残疾人专职委员、社会工作者、志愿服务人员等社会力量作用。

二、健全退役军人褒扬优抚服务体系

完善褒扬纪念和优抚服务体系，彰显军人精神风范和价值导向，提高军人的荣誉感、尊崇感和获得感，推动全社会尊重关爱退役军人的观念更加深入人心，让军人成为全社会尊崇的职业。

（一）统筹规划烈士纪念设施建设

推动烈士纪念设施建设和更新改造，逐步完善国家级、省级、设区的市级、县级烈士纪念设施建设标准和服务规范。组织实施烈士纪念设施提质改造工程，统筹规划现有烈士纪念设施，支持新建和升级改造烈士纪念设施。提高烈士纪念设施智能化安防水平，开展烈士纪念设施数字展示工程，对革命文物进行数字化展示宣传，大力弘扬英烈精神。

（二）提升优抚机构服务保障能力

着力解决军队伤病残军人移交地方医疗需求，改善优抚医院设施和设备条件，提升优抚医院医疗和护理水平。力争推动省级优抚医院（精神病和康复专科）达到三级专科医院水平，部分市级专科医院达到二级专科医院水平。坚持抚恤优待基本原则，细化明确光荣院服务对象，重点保障集中供养人群，建立统筹平衡供需服务模式，提高床位利用率。规范服务标准体系，优化光荣院区域布局，加强光荣院建设和改造，推动服务设施达标，增加护理型床位和设施设备，提高服务保障水平。

三、提高残疾人自我发展能力

残疾人是一个特殊困难的群体，为残疾人事业做更多事情，也是全面建成小康社会的一个重要方面。要坚持普惠与特惠相结合、兜底保障和就业增收相结合，政府扶持、社会帮扶和残疾人自强自立相结合，扎实做好残疾人基本民生保障，推动残疾人事业与经济社会协调发展，提高残疾人自我发展能力。

（一）保障残疾人基本生活

为无业重度残疾人提供最低生活保障，为符合条件的残疾人提供集中或社会化照护。建立困难残疾人家庭定期巡访探视制度。加强重大疫情、自然灾害等紧急情况下对残疾人的保护、医疗和生活保障。提高困难残疾人生活补贴、重度残疾人护理补贴、残疾儿童康复救助和信息消费补贴标准，建立残疾人基本型辅助器具适配补贴制度、贫困精神残疾人基本精神类药物费用豁免制度和困难残疾人家庭无障碍改造补贴制度。帮助残疾人普遍参加基本医疗和基本养老保险。

（二）增加残疾人公共服务供给

研究制定提升残疾人自我发展能力的扶持政策，多渠道增加服务供给，提高服务质量。大力开展精准康复行动，全面实施残疾儿童康复救助制度，不断提高康复服务水平。完善落实残疾人就业法规政策，建立健全残疾人就业补贴和奖励制度。拓宽残疾人就业渠道，创新残疾人就业形式，加强和改善残疾人就业服务。消除对残疾人就业歧视，加强残疾人劳动权益保障。提高残疾人受教育水平和职业技能。充分运用线上培训资源，开展适合残疾人特点的职业培训，让更多残疾人掌握一技之长、提高就业能力。

（三）强化残疾人事业基础保障条件

提高残疾人事业法治化水平，建立稳定增长的投入保障机制，加强基础设施建设、信息化和科技应用。乡镇（街道）、村（社区）普遍建立残疾人服务平台，增强基层为残疾人服务的能力。鼓励社会力量和市场主体参与残疾人服务。将残疾人康复协作、文化体育交流等纳入“一带一路”合作。加快康复大学建设步伐。

四、健全社会福利服务网络

坚持底线思维，聚焦群众关切，更好履行基本民生保障职能，完善扶危济困“安全网”，补齐社会福利基础设施短板，落实各项惠民政策，增强基层服务能力，实现应保尽保，确保兜住基本生活底线。

（一）加大流浪乞讨人员救助力度

加强流浪乞讨人员救助站建设，实现市县全覆盖。以低安置率、低滞站率、高周转率为目标，遵循自愿、无偿、公开救助的原则，进一步完善救助站服务功能，重点提升关爱救助、应急救助服务能力。推进“群防群助”，进一步完善以救助管理机构为核心、以社区为终端的救助服务网络，确保不发生冲击社会道德底线的极端事件。

（二）提升殡葬服务能力

加快修订《殡葬管理条例》和《公墓管理暂行办法》，从立法层面明确殡葬管理体制、基本殡葬服务制度、殡葬设施用地、公益性公墓性质、殡葬执法等内容，推动构建以公益性为主体、营利性为补充、惠民绿色文明为导向的殡葬服务格局。强化殡葬公共资源配置投入，支持殡仪馆、公益性骨灰堂建设，推动火化设备升级改造，鼓励地方加强生态殡葬设施建设。发展“互联网+殡葬服务”，推进文明节俭治丧进程。优化殡葬设施建设和运营水平，推动基本殡葬公共服务提供主体多元化、提供方式多样化，形成覆盖城乡、布局合理、功能齐全、便民惠民、绿色文明的基本殡葬公共服务网络。

（三）提升精神卫生服务水平

推进精神卫生社会福利机构建设，实现地级市以上全覆盖。围绕特殊困难精神障碍患者的康复、护理、医疗、康复辅助器具及全面发展需求，推动专业机构和社区站点相结合，提供更加人性化、规范化的服务。加强不同主管部门的精神卫生机构之间政策衔接和服务对接，完善患者接收、救治等工作程序和以岗位责任制为核心的管理制度，积极探索多种供养模式。培养一支富有爱心和奉献精神、业务能力过硬的服务人员队伍，开发社会工作岗位，引入专业力量，加大人才引进和教育培训力度，提升精神卫生服务质量。

五、建立健全分层分类的社会救助体系

社会救助事关困难群众基本生活和衣食冷暖，关系民生、连着民心，在促进社会和谐稳定、保障公平正义、助力精准脱贫等方面发挥了重要作用。要按照保基本、兜底线、救急难、可持续的总体思路，以基本生活救助、专项社会救助、急难社会救助为主体，社会力量参与为补充，建立健全分层分类的救助制度体系。

（一）构建综合救助格局

以增强社会救助及时性、有效性为目标，加快构建政府主导、社会参与、制度健全、政策衔接、兜底有力的综合救助格局。打造多层次救助体系，完善低保、特困、低收入家庭和支出型贫困家庭认定办法，对无劳动能力、无生活来源、无法定赡养抚养扶养义务人或其法定义务人无履行义务能力的城乡老年人、残疾人、未成年人给予特困人员供养。对遭遇突发事件、意外伤害、重大疾病或其他特殊原因导致基本生活暂时陷入困境的家庭和个人以及临时遇困、生活无着人员给予急难社会救助。对于遭遇自然灾害的给予受灾人员救助。创新社会救助方式，积极发展服务类社会救助，形成“物质+服务”的救助方式，提升救助保障的针对性和精准度。推进城乡统筹发展，加快实现城乡社会救助服务均等化。推进互联网、大数据、人工智能、区块链、5G等现代信息技术在社会救助

领域的运用。

（二）夯实基本生活救助

完善最低生活保障制度，集中力量做好普惠性、基础性、兜底性民生建设，保障群众基本生活。要完善基本生活救助制度，规范基本生活救助标准调整机制，加强分类动态管理。制定社会救助家庭经济状况评估指标体系，保障不符合低保条件的低收入家庭中的重度残疾人、重病患者等完全丧失和部分丧失劳动能力且无法依靠产业就业帮扶脱贫人员的基本生活。

（三）完善专项和急难社会救助

完善疾病应急救助、教育救助、住房救助、就业救助制度，健全自然灾害应急救助体系。强化急难社会救助功能，对遭遇突发性、紧迫性、灾难性困难，生活陷入困境，靠自身和家庭无力解决，其他社会救助制度暂时无法覆盖或救助之后生活仍有困难的家庭或个人，通过临时救助给予应急性、过渡性生活保障。鼓励各地根据城乡居民遇到的困难类型，适时给予相应救助帮扶，加强法律援助，依法为符合条件的救助对象提供法律援助服务。

（四）大力发展慈善事业

发挥慈善事业第三次分配作用，落实慈善激励政策。鼓励支持自然人、法人及其他组织以捐赠财产、设立项目、提供服务等方式，自愿开展慈善帮扶活动。建立政府救助和慈善救助衔接机制。规范发展互联网捐赠平台，加强互联网慈善监管。推动社会工作服务体系和人才队伍建设，大力推进城市社区社工站（室）和农村乡镇社工站的建设，建立健全政府购买社会工作服务的长效机制。加强志愿服务制度建设，鼓励开展志愿服务“时间银行”等实践。

第十节

建设社区综合服务体系

社区是社会的基本单元，是人民群众安居乐业的家园，也是社会公共服务走向千家万户的“最后一公里”。社区虽小，但连着千家万户，做好社区工作十分重要。“十四五”时期，要以提升和完善公共服务承载能力为重点，积极探索新时代新型社区建设，将社区建设成为美好生活共同体、公共服务聚合体，以建设新时代新型社区承载实现人民群众美好生活，不断提升群众获得感、安全感、幸福感、满意度。

一、强化城乡社区公共服务能力

面向社区居民需求，推动各类公共服务资源整合，强化综合服务设施建设，促进更多资源、服务、管理下沉到社区，增强城乡社区对公共服务的综合承载能力。

（一）推动社区集成更多公共服务资源

公共服务进社区是保障改善民生的最直接体现，要促进公共服务资源向城乡社区延伸下沉，让城乡居民共享全面建成小康社会的发展成果。支持依托城乡社区综合服务设施和服务机构，完善服务项目，切实保障老年人、未成年人、残疾人、优抚对象、困难群体等的服务需求。加强和改进对农民工及其随迁家属的公共服务，促进农民工及其随迁家属融入城市社区。建立面向社区居民的健康档案，加快健全家庭医生制度，以老年人、孕产妇、儿童、残疾人等人群为重点，改善社区公共卫生和基本医疗服务。发展生活照料、保健康复、精神慰藉等服务，推动养老服务覆盖社区所有居家老年人。为退役军人、高校毕业生、城镇登记失业人口、就业困难人员、残疾人、农村转移劳动力等重点群体提供教育培训和就业服务。

（二）有效补齐社区公共服务短板

促进社区服务项目和标准有机衔接，逐步实现项目齐全、标准统一。以社区服务人群和覆盖范围为依据，合理确定服务设施的种类、数量、规模等，加快建立以综合服务设施为主体，积极发展专业服务设施，强化综合信息平台支撑作用，建设社区公共服务设施网络，打造15分钟社区生活服务圈。采取新建配建、改建扩建等方式，推进街道（乡镇）社区服务中心和城乡社区服务站建设。加快城镇老旧小区改造，以教育、卫生、养老、文体、儿童服务等应用场景为重点，完善配套公共服务功能设施。加强社区应急避难场所和救灾物资储备场所建设，增强重大突发事件应急保障能力。重点补齐西部地区、贫困地区、农村社区短板，着力改善社区公共服务空间场所和信息化设施。

二、促进社区公共服务提质增效

推动社区整合公共服务资源，拓宽各类主体参与渠道，积极发展社区志愿服务，为社区居民提供精准化、精细化服务。

（一）以群众满意为目标提升精准性

面向城乡社区居民需求，以群众需要不需要、满意不满意，能不能把群众大大小小的事办好为标准，加强社区公共服务评估评价，畅通居民对服务项目设置、服务质量提升的表达反馈渠道。依据评估结果动态调整公共服务项目设计、服务供给，更好满足居民服务需求变化，改进公共服务提供模式。加大投入力度，支持更多社区提供日间照料、老年助餐、康复护理、家政服务、托幼托育等群众急需的公共服务项目。

（二）以社会参与为途径增强多样性

支持引导多方力量参与共建社区公共服务，形成推进合力。推进政府购买社区服务，探索建立服务清单制，积极引入专业社会组织承接社区公共服务，推动政府由“买岗位”向“买项目”转变。支持市场力量参与提供社区服务，引入更多市场主体，为居民提供健康、照料、文体服务，满足社区居民的多样化需求。扶持面向社区的公益慈善类、社会服务类组织发展，为其提供能力提升、人才培训等服务，实现运营模式、服务内容、工作流程标准化、规范化。

（三）以志愿服务为补充保障公益性

探索建立社区志愿服务积分，支持社区居民和社会人士积极参与社区志愿服务，扩大志愿者人员来源渠道，制度化、常态化加强志愿者教育培训。搭建志愿者、服务对象和服务项目对接平台，以家政服务、文体活动、心理疏导、医疗保健、法律服务等为主要服务内容，以低保对象、空巢老人、留守老人、留守儿童、残疾人为主要服务对象，有针对性地开展城乡社区志愿服务。

三、打造数字化智能化新型社区

数字化和人工智能技术促进社区公共服务提质增效大有可为。要充分发挥科技赋能作用，积极搭建平台载体，推进社区服务资源共建共享，加强新型社区建设。

（一）推动数字智能社区建设

利用互联网、物联网、区块链、大数据、云计算、人工智能等先进技术为改进提升社区公共服务赋能。推进智慧社区信息系统建设，逐步构建设施智能、服务便捷、管理精细、环境宜居的智慧社区，实现社区公共服务信息资源集成。大力提高社区公共服务信息化智能化应用能力和水平，推动城乡社区“互联网+养老”、托育、医疗、家政等多种公共服务全面发展与信息资源集成，加快社区公共服务设施设备智能化升级改造。打造现实与数字“孪生”社区，运用人工智能和大数据拓展需求画像、个性定制等功能，推动社区服务从被动供给向主动推送转变。运用5G、物联网等现代信息技术改造提升社区设置及空间环境，构建智慧化社区生活场景，提升居民生活品质。推进数字社区生活服务圈建设，提供教育培训、远程诊疗、日间照料等服务。创新在线服务模式，支持服务信息查询、公共事业缴费等功能。

（二）建设数字化综合服务平台

建设覆盖城乡社区各类业务、以社区综合数据库为基础、渠道界面统一、集中部署的城乡社区公共服务综合信息平台。优化整合部署在不同层级、不同部门、分散孤立、用途单一的各类社区信息系统并向集约化社区服务信息网络平台迁移，与电子政务、电子商务有效衔接，全面支撑城乡社区公共服务。依托农村社区综合服务设施，推动综合信息平台向农村社区延伸。提高城乡社区公共服务信息平台覆盖率，在社区层面实现“一号申请”“一窗受理”等，真正实现信息多跑路、群众少跑腿。

后 记

《加强社会公共服务体系建设》编写工作在国家发展改革委党组书记、主任何立峰同志的直接领导下，党组成员、副主任宁吉喆、连维良、胡祖才同志悉心指导，社会发展司具体承担。

社会发展司专门成立本书编写小组，欧晓理同志统筹负责全书编撰工作，彭福伟同志牵头负责提纲设计、内容安排和全书统稿工作，郝福庆、蔡长华、孙志诚、何平、朱世宏同志进行了具体指导。黄玮茹、曹亚鹏（前言、第一章、后记），鲍文涵（第二章），徐辉（第三章），贺婷（第四章），于秀明（第五章）等同志负责书稿的编写和统稿工作。翟建民、刘丹、龚桢梽、李春芳、王谈凌等同志负责第三章和第五章相关内容的审核。杨京平、赫文婧、赵颖然、王达、吴辰江、刘烨、夏凤阳、宋文经、吴雪尧、徐建等同志提供了相关素材并参与了书稿讨论，夏天怡、胡祖铨、范功淼等同志也给予了积极支持。袁达、赵怀勇、李玉举、王璨琦、张翼、房连泉、朱冰、邢伟、李璐、关博等参与协助审稿。中国市场出版社编辑许寒为本书出版做了大量工作。在此一并表示感谢！

受时间、经验、编者水平等因素影响，不足和疏漏在所难免，请读者批评指正。

本书编写组

2020年8月

学习贯彻习近平新时代中国特色社会主义经济思想

做好“十四五”规划编制和发展改革工作

| 系列丛书 |

编委会